白居易：
与君约略说杭州

司马一民 著

浙江教育出版社 · 杭州

引言

历史上与杭州相关的人物中，白居易与苏轼无疑是最为大众所熟知的。

在白居易之前，杭州的知名度、美誉度并不高。是否可以说，是白居易让“人间始觉重西湖”？

唐穆宗长庆二年（822年）七月十四日，朝廷任命白居易为杭州刺史。实际上他抵达杭州的时间是当年十月一日，这一时间在白居易的《杭州刺史谢上表》中有记载。长庆四年（824年）五月末，52岁的白居易离任。名义上他在杭州待了3年，其实满打满算只有23个月。在这短暂的23个月中，他为杭州疏浚城中李泌六井，以供百姓饮水；修筑钱塘湖堤蓄水，可灌千顷良田。泽被后世！

至今，在西湖的北面，东起“断桥残雪”，经锦带桥，西至“平湖秋月”，把西湖分为外西湖与里西湖的长堤，被杭州人民称作“白堤”。不少人以为这是白居易任杭州刺史期间主持修筑的，其实这是“美丽的误传”。不过，这个称呼表达的是世代杭州人对这位“老市长”的爱戴。

白居易还“自告奋勇”地当起了“杭州形象大使”，用诗词“推广”杭州。他写杭州的十几首诗词，使杭州声名鹊起，千百年来被大家传诵，多少人因为读了他的诗词而来到杭州、爱上杭州，成为一代一代的新杭州人。

白居易晚年作《忆江南词三首》，其中第二首表达了他对在杭岁月的眷恋：

江南忆，最忆是杭州。
山寺月中寻桂子，
郡亭枕上看潮头。
何日更重游？

要了解白居易的杭州岁月，需要读一读白居易在杭州写的诗和离开杭州后写给杭州的诗。通过细细品味这些诗，寻找与诗相关的史料，我们不仅可以发现这些诗里蕴藏的杭州故事，而且可以体会白居易对杭州的情感。这就是写这本书的初衷。从文化普及的角度看，这也算是展示杭州丰富的历史文化的途径之一吧。

为了方便读者阅读，简单介绍一下白居易的生平：

白居易（772—846年），字乐天，号香山居士，祖籍太原（今山西太原市），后迁居下邽（今陕西渭南市），出生于河南新郑县，少年时为避战乱，寄居江南杭州、苏州等地。唐德宗贞元三年（787年），因《赋得古原草送别》一诗而有诗名。唐德宗贞元十六年（800年）进士，先后任秘书省校书郎、翰林学士、左拾遗等，这期间与元稹等人交往。唐宪宗元和五年（810年）因上疏援救元稹，被贬为京兆府户曹参军。元和十年（815年）因上疏"请亟捕贼，刷朝廷耻"，被贬为江州（今江西九江市）司马。

元和十五年（820年），穆宗李恒即帝位，白居易被召回长安，历任司门员外郎、中书舍人等。为避党争，他请求外放，长庆二年（822年）为杭州刺史，浚六井、筑湖堤，政绩卓著。长庆四年（824年），他被召回京城，任太子左庶子，分司东都洛阳。次年，他又外放为苏州刺史。自唐文宗大和三年（829年）起，先后担任太子宾客、河南尹、太子少傅等职，居洛阳，与香山寺僧人多有交往。唐武宗会昌六年（846年）卒，葬于香山寺外山坡上。

白居易是唐代杰出的诗人，一生写诗3600多首，其中《长恨歌》《琵琶行》等为千古名篇。此外，他还是中唐时期“新乐府”的倡导者和践行者之一，有《白氏长庆集》71卷传世。

目录

在杭州圆了少年梦

人与人相交是要有缘分的，人与城市相交也是要有缘分的。1200年前，白居易来到了与他很有缘分的杭州。

唐穆宗长庆二年（822年）七月，五十岁的白居易在知天命之年，离开京城长安，踏上了南下之路，此去杭州为刺史。

白堤远眺

白居易离开京城，离开中枢，免不了失落；但远离了党争，又感到轻松。想到能够圆少年时代的梦，主政杭州，白居易不禁满怀喜悦。在南下途中，白居易写了《长庆二年七月自中书舍人出守杭州，路次蓝溪作》一诗，表达了他的复杂心情。

太原一男子，自顾庸且鄙。
老逢不次恩，洗拔出泥滓。
既居可言地，愿助朝廷理。
伏阁三上章，戆愚不称旨。
圣人存大体，优贷容不死。
凤诏停舍人，鱼书除刺史。
冥怀齐宠辱，委顺随行止。
我自得此心，于兹十年矣。
余杭乃名郡，郡郭临江汜。
已想海门山，潮声来入耳。
昔予贞元末，羁旅曾游此。
甚觉太守尊，亦谙鱼酒美。
因生江海兴，每羡沧浪水。
尚拟拂衣行，况今兼禄仕。
青山峰峦接，白日烟尘起。
东道既不通，改辕遂南指。

自秦穷楚越，浩荡五千里。
闻有贤主人，而多好山水。
是行颇为惬，所历良可纪。
策马度蓝溪，胜游从此始。

这首诗的大意为：“我这个生于太原的男子，自认为是平庸而且见识短的人。老大不小的时候皇恩降临（二十八岁进士及第），把我从泥潭里拔出来洗干净。既然在朝廷为官，我很尽心地为治理国家出力，为国事多次上书朝廷，却因为愚钝，所言不合圣心。皇上宽容大度，没有对我追责，而是下诏书免去我中书舍人一职，外放为杭州刺史。虽然心里有宠辱之感，但随着踏上南下行程，这些情绪都烟消云散了。其实我早就想离开朝廷，存此心有十年了。杭州是江南名郡，是一座建在钱塘江边的城市。此刻我似乎看到钱江潮入海门滚滚而来，似乎听到巨大的涛声。贞元末

湖光山色

年，我曾经寄居杭州，甚是尊崇杭州刺史房孺复，也知晓当地的鱼肉鲜美、美酒醇香。我对这江海交汇之地很感兴趣，喜欢水色青苍的景色，以前一直想再到杭州一游，没有想到现在却能够去杭州为官。一路上山连山，水连水，有时候还要绕道而行。从长安到杭州，行程五千里。听说当地人多贤达，所以山好水也好。此行我一定会很惬意，美好的经历都值得记录下来。现在骑马渡过蓝溪，游历美景从这里开始。”

白居易在这首诗里简要交代了身世和从政经历，特别值得关注的有两点：一是“昔予贞元末，羁旅曾游此”，白居易在贞元年间曾经寄居杭州。二是“已想海门山，潮声来入耳”，这与日后《忆江南》中“郡亭枕上看潮头”的意思是一致的，可见他少年时代对钱江潮的印象之深。

白居易少年时代寄居杭州这件事，他自己有个说明。唐穆宗长庆四年（824年），杭州刺史任满，白居易被召回洛阳为太子左庶子，第二年，唐敬宗宝历元年（825年）被外放为苏州刺史。在苏州刺史任上，白居易写过一篇《吴郡诗石记》，文中交代了他与杭州和苏州的渊源。

贞元初，韦应物为苏州牧，房孺复为杭州牧，皆豪人也。韦嗜诗，房嗜酒，每与宾友一醉一咏，其风流雅韵，多播于吴中，或目韦、房为诗酒仙。

时予始年十四五，旅二郡，以幼贱不得与游宴，尤觉其才调高而郡守尊，以当时心言异日苏、杭苟获一郡足矣。及今自中书舍人间领二州，去年脱杭印，今年佩苏印，既醉于彼，又吟于此，酣歌狂什，亦往往在人口中，则苏、杭之风景，韦、房之诗酒，兼有之矣，岂始愿及此哉！然二郡之物状人情，与曩时不异，前后相去三十七年，江山是而齿发非，又可嗟矣！韦在此州，歌诗甚多，有《郡宴》诗云："兵卫森画戟，燕寝凝清香。"最为警策。今刻此篇于石，传贻将来，因以予旬宴一章，亦附于后。虽雅俗不类，各咏一时之志。偶书石背，且偿其初心焉。

宝历元年七月二十日，苏州刺史白居易题

"贞元初，……时予始年十四五，旅二郡，……以当时心言异日苏、杭苟获一郡足矣。及今自中书舍人间领二州，去年脱杭印，今年佩苏印，既醉于彼，又吟于此，酣歌狂什，亦往往在人口中，则苏、杭之风景，韦、房之诗酒，兼有之矣，岂始愿及此哉！"

这些是白居易的自述："贞元初年，我十四五岁的时候，寄居杭州和苏州，当时就存了心愿，日后如果能够到杭州或苏州其中一地为刺史，我就满足了。没有想到，我

孤山远眺

在中书舍人任上外放杭州，杭州刺史任满以后，隔了一年又上任苏州刺史。在杭州和苏州，我与当年的房孺复和韦应物一样，以诗酒闻名两州，我一个人兼有杭州、苏州两地的风光和诗酒，岂不是少年时代的心愿在杭州、苏州都实现了吗？”

十四五岁的少年为避北方战乱，寄居杭州和苏州，喜欢上了杭州和苏州，并萌发了心愿，希望日后能够主政其中一地。三十多年后，白居易先后主政杭州和苏州，并且造福两地。时隔千年，口碑至今在两地延续。

这实在可以说白居易与杭州特别有缘。

有一点存疑，就是白居易寄居杭州的时间。白居易在《长庆二年七月自中书舍人出守杭州，路次蓝溪作》一诗中说“昔予贞元末，羁旅曾游此”，在《吴郡诗石记》一文中说“贞元初”，到底是哪一年？从“予始年十四五”推算，应当是“贞元初”，即大约785至789年期间。

结缘天竺寺

在白居易的记忆深处，对杭州印象最深的是哪里？不是白堤，而是天竺寺。他离开杭州后，在苏州刺史任上作诗《答客问杭州》，前四句如下：

天竺山

为我踟蹰停酒盏，
与君约略说杭州。
山名天竺堆青黛，
湖号钱塘泻绿油。

杭州有那么多山，为什么白居易单说天竺？

唐文宗开成三年（838年），白居易在洛阳任太子少傅，作《忆江南词三首》，其中第二首广为人知：

江南忆，最忆是杭州。
山寺月中寻桂子，
郡亭枕上看潮头。
何日更重游？

这首词中的“山寺”指的是天竺。可见白居易特别钟情于天竺寺。

天竺山，杭州佛教名山，有著名的“天竺三寺”（通称上天竺寺、中天竺寺、三天竺寺），三寺均系杭州古代名刹。三天竺寺创建最早，距今已

有1600余年，创建最晚的上天竺寺也有千年历史。清高宗乾隆命名“天竺三寺”为“法喜讲寺”“法净禅寺”“法镜讲寺”，并亲题寺额，这是后话。白居易诗里的天竺寺应该是中天竺寺和三天竺寺。

白居易在杭州刺史任上除了勤于政务造福百姓之外，还钟情于杭州的山山水水，西子湖畔的孤山、吴山、天竺山等都留下了他的足迹和千古传诵的诗篇。杭州还是“东南佛国”，白居易在杭州与一些僧人结为诗友，出入佛家之地，尤其经常造访天竺寺、灵隐寺，他写有《宿天竺寺回》一诗：

野寺经三宿，都城复一还。
家仍念婚嫁，身尚系官班。
萧洒秋临水，沈吟晚下山。
长闲犹未得，逐日且偷闲。

这首诗说的是白居易一有空闲即到访寺庙，甚至夜里在庙中住宿，但总有家事、公事羁绊，只能忙里偷闲了。

白居易在天竺寺写下了不少诗，其中《游古天竺寺》就与避暑相关：

佛国灵山最深处，
如来于此建清都。
五峰拱揖环屏障，
四面云霞列画图。
夜静光芒腾舍利，
月明台殿浸冰壶。
我来恍入金天界，
三伏炎蒸半点无。

天竺寺的环境十分清幽，乃避暑佳地。三伏天酷暑之时，白居易来到寺院，恍入天境，身与心顿觉清凉，热恼全无，十分惬意。

可见1000多年前，夏季的杭州就是“火炉”。

三天竺法镜讲寺

白居易曾专为避暑到天竺寺七叶堂留宿，写有《天竺寺七叶堂避暑》一诗：

郁郁复郁郁，
伏热何时毕。
行入七叶堂，
烦暑随步失。
檐雨稍霏微，
窗风正萧瑟。
清宵一觉睡，
可以销百疾。

暑热烦恼、身心百疾，白居易到了天竺寺七叶堂，一夜安睡，百疾全消。

有一回，与白居易很投缘的庐山东林寺坚法师云游到天竺寺，白居易赶来与坚法师相会，两人相谈甚欢。坚法师即将返回庐山时，白居易又特地赶到天竺寺送行，并留下了《天竺寺送坚上人归庐山》一诗：

锡杖登高寺，香炉忆旧峰。
偶来舟不系，忽去鸟无踪。
岂要留离偈，宁劳动别容。
与师俱是梦，梦里暂相逢。

这首诗的大意为：“僧人登高，忽然想回归，于是闲云野鹤般翩然而去。来是‘偶来’，去是‘忽去’。来像不系之舟，随时可返；去似远逝之鸟，踪迹全无。既然来也偶然，去也偶然，临行之时也就无可留恋，也不必像常人一样，作诗赋别。既然人生本就如梦，也就该如同在梦里相见和告别。”

虽然诗的最后两句融入佛家之理，可是白居易还是表达了送别之意，颇有点自相矛盾吧！

在奉诏即将离开杭州时，白居易又写下了《留题天竺灵隐两寺》：

三天竺法镜讲寺鼓楼

在郡六百日，入山十二回。
宿因月桂落，醉为海榴开。
黄纸除书到，青宫诏命催。
僧徒多怅望，宾从亦裴回。

寺阇烟埋竹，林香雨落梅。
别桥怜白石，辞洞恋青苔。
渐出松间路，犹飞马上杯。
谁教冷泉水，送我下山来。

这是白居易第十二次重游天竺、灵隐。在政务缠身的短短三年中，十二次到天竺、灵隐，说明白居易有多么热爱天竺、灵隐的山水以及梵音僧友。“僧徒多怅望”，表明白居易与天竺僧人结下了深厚的友情，僧人们也不忍与他分别。

天竺香道

白堤不是白居易修筑的

西湖北边，东起“断桥残雪”，经锦带桥，西至“平湖秋月”，把西湖分为外西湖与里西湖的这条堤岸，就是著名的白堤。不少人以为这是唐朝著名诗人白居易在任杭州刺史期间主持修筑的，并且以他的诗《钱塘湖春行》作为佐证。

远眺白堤

孤山寺北贾亭西，
水面初平云脚低。
几处早莺争暖树，
谁家新燕啄春泥。
乱花渐欲迷人眼，
浅草才能没马蹄。
最爱湖东行不足，
绿杨阴里白沙堤。

其实，这个说法与史实有些出入。白堤、白沙堤与白公堤是不是一回事呢？唐穆宗长庆二年（822年），白居易任杭州刺史，长庆四年（824年）春，白居易主持修筑过一条堤岸，被称为“白公堤”。白公堤在何处？说法不一：在钱塘门北，由石函桥北至余杭门（即武林门）；在钱塘门外，即今日松木场到武林门外（《古西湖白公堤堤址新识》云：在钱塘门外，自东往西，经昭庆寺前，直至宝石山山麓与白堤的东端相交接处）；《西湖新志》曰：在今宝石山山麓至湖畔居一线。虽然说法不同，但有一点是基本一致的，即白公堤的一端在钱塘门外，大约在今天的六公园（或湖畔居）附近。

白堤

白公堤把西湖一分为二，堤内是上湖，堤外为下湖；上湖蓄水，并建水闸，需要时放水，“渐次以达下湖”，这样既可防洪水淹没湖下农田，又可以蓄水，按时令灌溉农田。“劳心”的白居易还亲自写了一篇《钱塘湖石记》刻石立于水闸旁边，交代后任如何灌田、沦井、通漕。这里摘录一段：

钱塘湖事，刺史要知者四条，具列如左：钱塘湖一名上湖，周回三十里，北有石函，南有笕。凡放水溉田，每减一寸，可溉十五余顷；每一复时，可溉五十余顷。先须别选公勤军吏二人，立于田次，与本所由田户，据顷亩，定日时，量尺寸，节限而放之。若岁旱百姓请水，须令经州陈状，刺史自便压帖，所由即日与水。若待状入司，符下县，县帖乡，乡差所由，动经旬日，虽得水，而旱田苗无所及也。大抵此州春多雨，秋多旱，若堤防如法，蓄泄及时，即濒湖千余顷田无凶年矣……

这段文字的大意为，有关钱塘湖的事，杭州刺史要知道如下四个要点：第一，钱塘湖又名“上湖”，方圆三十里。北面有石函桥闸，南面有笕决湖。第二，凡放水灌溉田地时，湖面水位每降低一寸，就可以灌溉十五余顷；每一昼夜，可以灌溉五十多顷。灌田之前需要挑选两个公道勤勉的官吏，站在农田和湖边，会同本地农户，根据农田的面积，约好放水的时间，算好放水的尺寸，限量放水。第三，如果遭遇旱年，百姓请求放水，必须让他们前往州衙递交状纸，刺史立即批给地界，当天放水。如果状纸交上州府所属的各个部门，州府的公文下达到县，县里再下达到各乡，乡里再派遣所属地界的差役执行，起码需要十来天时间，那时候即使放水，禾苗也早已旱死了。第四，杭州往往春季多雨，秋季干旱，如果堤防修筑得法，雨季时蓄水，旱季时放水浇田，那么钱塘湖附近的一千多亩农田就不会有荒年了……

你不得不佩服白居易行事缜密，这里更显示出他爱民的拳拳之心——农耕社会，种田可是头等大事。

再来说说白沙堤。早在白居易为杭州刺史之前，白沙堤就有了，此堤何时所筑已不可考，但白居易的《杭州春望》说得很明白：

望海楼明照曙霞，
护江堤白踏晴沙。
涛声夜入伍员庙，
柳色春藏苏小家。
红袖织绫夸柿蒂，
青旗沽酒趁梨花。
谁开湖寺西南路，
草绿裙腰一道斜。

白居易自注：城东楼名望海楼。

白居易自注：杭州出柿蒂，花者尤佳也。

白居易自注：其俗酿酒趁梨花时熟，号为梨花春。

白居易自注：孤山寺路在湖洲中，草绿时望如裙腰。

白堤桃红柳绿

白居易在这首诗中问，“是哪个人修筑这条通到孤山寺的白沙堤呢？”它好似一条翠绿的腰带系在西湖的腰间。他在诗中自注：“孤山寺路（即白沙堤）在湖洲中，草绿时望如裙腰。”可见，白沙堤确实在白居易为杭州刺史之前就有了，也证实了白沙堤不是他主持修筑的白公堤。

我们再回过头来读《钱塘湖春行》，“几处早莺争暖树，谁家新燕啄春泥。乱花渐欲迷人眼，浅草才能没马蹄。”这些春天的美丽景色不可能出现在824年的白公堤上，那时候白公堤的工程现场正一派热火朝天、人声鼎沸的景象。即便白公堤后来美如白沙堤，白居易也不可能看到，因为同一年的夏天他已经从杭州离任，因而“最爱湖东行不足，绿杨阴里白沙堤”中的白沙堤肯定不是他自己修筑的白公堤。

沧海桑田，那条造福杭州百姓的白公堤由于城市地理的变迁，不知道何时湮灭，今天已经无迹可寻了。杭州人为怀念白居易这位好“市长”，有意无意地把白沙堤附会成白公堤，并且简称白堤，正好与苏堤相对应，始于何时也不可考。这是历代杭州人都乐于接受的“美丽误会”，并且肯定将永远延续下去。

西湖寻梅

白居易对杭州西湖梅花的喜爱，在三首诗中淋漓尽致地表达出来。

第一首写杭州西湖梅花的诗是《和薛秀才寻梅花同饮见赠》：

西湖梅花

忽惊林下发寒梅，
便试花前饮冷杯。
白马走迎诗客去，
红筵铺待舞人来。
歌声怨处微微落，
酒气熏时旋旋开。
若到岁寒无雨雪，
犹应醉得两三回。

这首诗的大意为，“我听说梅花开了感到惊喜，便想着不惧严寒去赏梅喝酒。您骑着白马来迎接满怀诗意的客人，梅花树下酒宴已经摆好，助兴的歌舞乐人也即将登场。阵阵激越的歌声震落了梅花的花瓣，温暖的酒气又吹开了新的花苞。如果近期没有雨雪的话，你我为赏梅也许还得再醉酒几回。”

这是一首和诗，从诗题可以看出，薛秀才请白居易赏梅宴饮，薛秀才在酒席间写了一首《寻梅花同饮》诗送给白居易，白居易当场写了这首和诗《和薛秀才寻梅花同饮见赠》回赠。

读白居易的《和薛秀才寻梅花同饮见赠》，可以想见，薛秀才的赏梅宴请十分隆重，还伴有歌舞表演助兴，席间觥筹交错，其乐融融，宾主诗兴大发，即席作诗互赠。

第二首写杭州西湖梅花的诗是《与诸客携酒寻去年梅花有感》：

马上同携今日杯，
湖边共觅去春梅。
年年只是人空老，
处处何曾花不开。
诗思又牵吟咏发，
酒酣闲唤管弦来。
樽前百事皆依旧，
点检惟无薛秀才。

白居易自注：
去年与薛景文同赏，
今年长逝。

这首诗的大意为，“今日与众人骑马带着酒，去西湖边寻访去年看过的那片梅花。人一年比一年老，梅花却在那里年年都开得鲜艳。在这梅花树下，我又一次诗兴大发即席作诗，酒喝到酣畅淋漓的时候，还要让歌舞乐人助兴。今天赏梅喝酒的场景与去年差不多，其他人都在，只是少了薛秀才。”

为什么少了薛秀才？白居易有一句自注：“去年与薛景文同赏，今年长逝。”白居易触景生情，想到了逝去的朋友，有点伤感。

薛秀才是谁？白居易诗的自注告诉我们，薛秀才姓薛名景文。为什么称薛景文为秀才？汉代将秀才与孝廉并为举士的科名。唐初曾将秀才设为举士科目，后来废止。秀才逐渐成为读书人的通称。明清时称府州县生员为“秀才”。白居易称薛景文为秀才，应该是指他博学多才。

白居易两年寻梅的地点在哪里？细读“湖边共觅去春梅”这句诗，可知在湖边。但这么大个西湖，是“湖边的”哪一处呢？答案在第三首诗里。

第三首写杭州西湖梅花的诗是《忆杭州梅花因叙旧游寄萧协律》：

三年闲闷在余杭，
曾为梅花醉几场。
伍相庙边繁似雪，
孤山园里丽如妆。
蹋随游骑心长惜，
折赠佳人手亦香。
赏自初开直至落，
欢因小饮便成狂。
薛刘相次埋新垄，
沈谢双飞出故乡。
歌伴酒徒零散尽，
唯残头白老萧郎。

白居易自注：
薛刘二客，沈谢二妓，
皆当时歌酒之侣。

此时，白居易早已经离开杭州，在洛阳为太子宾客。在这首诗里，白居易追忆当年在杭州“曾为梅花醉几场”的赏梅趣事，特别点出了赏梅的去处——“伍相庙边繁似雪，孤山园里丽如妆”。伍相庙即伍公庙，为祭祀伍子胥而建。伍子胥（？—前484年），名员（一作“芸”），字子胥，楚国人，春秋末期吴国大夫，劝吴王夫差拒绝越国

吴山伍公庙

孤山梅妻鹤子景观

求和并停止伐齐，渐被疏远，后被吴王赐剑自尽，尸首用鸱夷革裹着被抛弃于钱塘江中。后吴人在吴山东南一丘坡上立祠祭祀。伍相庙在吴山上，虽然梅花“繁似雪”，但与“湖边”挂不上钩，可见白居易、薛秀才一众人赏梅地应该是在“孤山园里”，那里临湖，与“湖边共觅去春梅”相符。

白居易曾将梅花作为珍贵礼物赠佳人，也曾因落梅被游骑践踏而惋惜。他赏梅“赏自初开直至落”，对梅花可谓一往情深。

由此可见，唐代孤山的梅树已有规模，所以有“梅花屿”之称。

最后为萧协律交代几句。萧协律即萧悦，是白居易在杭州结识的朋友。协律郎，太常寺属官。白居易称萧悦为萧协律，可知萧悦曾经当过协律郎。白居易在《画竹歌·并引》里说：“协律郎萧悦善画竹，举世无伦。”可见白居易很推崇萧悦画的竹。很可能在一次孤山赏梅喝酒雅聚中，萧悦在场，所以白居易会“忆杭州梅花因叙旧游”，寄一首诗给萧协律，遥想当年的“歌伴酒徒零散尽”，而如今在孤山园里赏梅“唯残头白老萧郎”。

与元稹隔江“斗诗”

唐穆宗长庆二年（822年），白居易任杭州刺史，第二年，即长庆三年（823年），他的好友元稹任职浙东观察使兼越州刺史。浙东、浙西以钱塘江相隔，两位诗人隔江相邻为官，于是引出了一段“斗诗”的佳话。

从北高峰远眺西湖

这里简单介绍元稹的生平。元稹（779—831年），字微之，河南洛阳人，贞元九年（793年）进士，授左拾遗，一度拜相。长庆三年（823年），为浙东观察使兼越州刺史，在所属七州筑陂塘，兴修水利，农业兴旺，卓有政声。大和五年（831年），元稹去世，时年五十三，被追赠尚书右仆射。有《元氏长庆集》传世。元稹与白居易同科及第，两人性情相投，终生结为诗友，共同倡导新乐府运动，世称“元白”。

得知元稹任职越州，与自己相邻为官，任杭州刺史的白居易很高兴，赋诗一首《元微之除浙东观察使，喜得杭、越邻州，先赠长句》寄给元稹：

稽山镜水欢游地，
犀带金章荣贵身。
官职比君虽校小，
封疆与我且为邻。
郡楼对玩千峰月，
江界平分两岸春。
杭越风光诗酒主，
相看更合与何人。

此诗洋溢着白居易的兴奋之情。“封疆与我且为邻”，好友隔江为官，虽然不能时常相见，但是“郡楼对玩千峰月，江界平分两岸春”，在杭州府衙的虚白堂上可以遥望越州，你我共享着钱塘江的秋月春风。能够成为“杭越风光诗酒主”的人，“相看更合与何人”，还有谁比你我更合适的呢？确实如此，那年头，在杭州和越州主持诗酒的人除了白居易和元稹，还有谁可以比肩？

元稹当然写有答诗《酬乐天喜邻郡》：

蹇驴瘦马尘中伴，
紫绶朱衣梦里身。
符竹偶因成对岸，
文章虚被配为邻。
湖翻白浪常看雪，
火照红妆不待春。
老大那能更争竞，
任君投募醉乡人。

元稹的答诗似乎有点谦逊，“符竹偶因成对岸，文章虚被配为邻”，我元稹的文章怎么能与您白居易相提并论呢？

长庆三年（823年）八月，元稹上任途中，两位好友在杭州相见，自然分外高兴，但皇命在身，元稹没有在杭州过多停留，便渡江而去。到了钱塘江南岸的西陵渡，天色已晚，元稹远望江北岸，一时诗兴大发，写了《别后西陵晚眺》一诗寄给白居易：

晚日未抛诗笔砚，
夕阳空望郡楼台。
与君后会知何日，
不似潮头暮却回。

这首诗的大意为，“夕阳西下的时候，我站在西陵渡口，眺望钱塘江北岸的杭州府衙楼台，您是否也站在那里眺望钱塘江南岸的西陵渡？我忍不住提笔写下这首诗。不知道哪一天才能再与您相见，如果能够像钱塘江潮头那样早晚碰头，那该有多好啊！”

元稹对白居易真是情真意切。

白居易接到元稹的《别后西陵晚眺》一诗，当即回了一首诗《答微之泊西陵驿见寄》：

烟波尽处一点白，
应是西陵古驿台。
知在台边望不见，
暮潮空送渡船回。

这首诗的大意为，“钱塘江烟波浩渺的南岸那一个小白点应该就是西陵渡吧？我知道肯定看不见站在西陵渡口的您，晚潮把放空的渡船送回钱塘江北岸，那里面装载着您的情意。”

白居易对元稹同样情真意切。

分别的愁绪很快过去了，在为官和日常生活的常态中，元稹和白居易的“文人本性”暴露出来了，少不了互相调侃。

西湖

元稹给白居易寄去一首诗，题目很“不客气”，叫作《以州宅夸于乐天》：

州城迥绕拂云堆，
镜水稽山满眼来。
四面常时对屏障，
一家终日在楼台。
星河似向檐前落，
鼓角惊从地底回。
我是玉皇香案吏，
谪居犹得住蓬莱。

这首诗的大意为，“浙东不仅风景好，我的官衙更气派。我虽然被贬官了，却能够生活在像蓬莱仙阁一样美丽的地方，这是上天对我的赏赐。”

是不是有点飘飘然？

白居易收到元稹的诗后，当即回了一首诗《答微之夸越州州宅》：

贺上人回得报书，
大夸州宅似仙居。
厌看冯翊风沙久，
喜见兰亭烟景初。
日出旌旗生气色，
月明楼阁在空虚。
知君暗数江南郡，
除却余杭尽不如。

这首诗的大意为，“你觉得你的官衙很气派，那是你被贬到西北久了，看多了大漠风沙，所以到了越州，以为进了人间天堂。其实你早已经把江南的城市暗自比较过了，知道都比不上杭州，是不是有点嫉妒我生活在人间天堂杭州啊。”

调侃的意味真的很浓。

不服气的元稹又写来一首诗《重夸州宅旦暮景色兼酬前篇末句》：

仙都难画亦难书，
暂合登临不合居。
绕郭烟岚新雨后，
满山楼阁上灯初。
人声晚动千门辟，
湖色宵涵万象虚。
为问西州罗刹岸，
涛头冲突近何如？

这首诗的大意为，“越州的美丽风光难以描述，可惜这里只适合短暂为官，不适合久住。钱塘江对岸的杭州虽然‘满山楼阁上灯初’，但是，钱江潮像罗刹，你在杭州恐怕也不好对付吧？”

白居易也写诗《微之重夸州居其落句有西州罗刹之谑因嘲兹石聊以寄怀》作答：

君问西州城下事，
醉中叠纸为君书。
嵌空石面标罗刹，
压捺潮头敌子胥。
神鬼曾鞭犹不动，
波涛虽打欲何如？
谁知太守心相似，
抵滞坚顽两有余。

这首诗的大意为，“你问我在杭州如何，我酒后带着醉意给你写几句。你说我这里有罗刹，像我这样经历过磨难的人，罗刹又能把我怎么样呢？我们两个太守现在的心境差不多，以我们的能力抵御罗刹绰绰有余。”

这一唱一和的两首诗，还蕴含着另外一层意思。白居易和元稹都是贬官，两位贬官总还忘不了朝中的争斗，免不了发几句牢骚，聊以自慰。

三天竺法镜讲寺鼓楼

后来，白居易又写了一首诗《答微之见寄（时在郡楼对雪）》给元稹：

可怜风景浙东西，
先数余杭次会稽。
禹庙未胜天竺寺，
钱湖不羡若耶溪。
摆尘野鹤春毛暖，
拍水沙鸥湿翅低。
更对雪楼君爱否？
红栏碧瓦点银泥。

浙东运河碑

在这首诗中，白居易除了夸赞杭州之外，也把越州的风景名胜夸赞了一番，意思是“你不羡慕我在杭州，我也不嫉妒你在越州”。

两位好友之间的“斗诗”也让我们看到了他们的率性。

诗画钱江
美景寄长安

白居易作为杭州“城市形象推广大使”，真的是非常努力，且一有机会就出手。他偶然看到钱塘江落日美景，赶紧找人写景入画，还亲自在画上题诗，然后寄给长安的朋友。这一过程有诗为证——《江楼晚眺景物鲜奇吟玩成篇寄水部张员外》：

[清] 袁江:《观潮图》

澹烟疏雨间斜阳，
江色鲜明海气凉。
蜃散云收破楼阁，
虹残水照断桥梁。
风翻白浪花千片，
雁点青天字一行。
好著丹青图画取，
题诗寄与水曹郎。

江楼，指杭州东楼，即望海楼。水部张员外，即张籍，时任水部员外郎。澹烟，清淡的云烟。海气，指海上吹来的风。蜃，古人认为江海边或沙漠空中出现的水气幻象是蜃吐气而成，所以称海市蜃楼。

这首诗的大意为，“黄昏的时候，钱塘江上空不时飘过淡淡的烟云，海风偶尔带来几滴细雨；云过雨停之后，出现了海市蜃楼，像残缺的楼阁；一条彩虹像桥梁一样横跨在江面上；风吹水动，如同许多花瓣飞舞；飘散的彩云像雁群结队飞过。请画师把这样美的景色写入画中，我把刚吟唱的诗题在画上，寄给您这位京城里的水部员外郎。”

[清] 佚名:《浙江秋涛》

此诗作于唐穆宗长庆三年（823年），当时白居易任杭州刺史，好友张籍在京城长安任水部员外郎，白居易送画送诗给张籍，与他分享杭州钱塘江的美景。事实上，这也是对杭州城市形象的一次推广，因为张籍不可能独享诗画，必然会请朋友们一起欣赏。果然，张籍收到诗画以后，很快回了一首诗——《答白杭州郡楼登望画图见寄》给白居易，给白居易描述了京城里同好欣赏诗画的情形。

画得江城登望处，
寄来今日到长安。
乍惊物色从诗出，
更想工人下手难。
将展书堂偏觉好，
每来朝客尽求看。
见君向此闲吟意，
肯恨当时作外官。

这首诗的大意为，“您登楼赏钱塘江景色的诗画，在长安的我今天已经收到了。很吃惊的是，您的诗句里居然能描绘出这么好的景色，而画师要把这么好的景色画出来就更难了。我非常喜欢这幅诗画，会把它挂在堂前，因为来访的客人都希望观赏。读您的诗，觉得您在杭州的日子过得很舒心，现在您对当时把您从京城外放去杭州为官，不会再心生抱怨了吧！”

想象一下，那些与张籍、与白居易有过交往的京官们，雅聚在一起，边品茶饮酒，边欣赏来自杭州的诗画，是怎样的场景？很可能他们之中有人有感而发，也吟诵出几首诗来，说不定还会寄给远在杭州的白居易呢。

钱塘江晚霞

张籍的这首诗，至少透露出这样一些信息：一是欣喜，既有看到美图华章联想到钱塘江美景的欣喜，又有收到远方朋友为官和生活消息的欣喜。二是与同好分享诗画。白居易诗名鼎盛，很多人肯定都想欣赏他的新作，限于当时的传播手段，若非交往密切的朋友（白居易经常把新作寄给交往密切或心灵相通的朋友），其他人不可能及时欣赏到白居易的新作。张籍把白居易寄给他的诗画挂在堂前类似于“个展”，可以让更多的人欣赏到白居易的新作。“每来朝客尽求看”说的就是有人听闻张籍在家举办白居易“个展”，赶去“尽求看”。三是两人曾有特定内容的“私聊”。从诗句“肯恨当时作外官”来看，当初白居易对把他这位京官外放很不高兴，私下和好朋友张籍发过牢骚，当然不是对外放到杭州不高兴，只是对“外放”离开朝廷不高兴。谁料到，白居易在杭州为官很开心，也算是意外所得。因此，张籍在诗里说，您不会再对外放一事心生抱怨了吧？

张籍（约767—830年），字文昌，苏州（今属江苏）人，唐德宗贞元十五年（799年）进士，元和元年（806年）调补太常寺太祝，与白居易相识并结为好友，长庆二年（822年）为水部员外郎，有《张司业集》传世。

被刘禹锡“戏酬”了一回

有的人即使天天共事也难变为朋友，有的人从未谋面却引为朋友，唐代诗人刘禹锡与白居易的交情就属于后者。刘禹锡与白居易的命运非常相似，他们都想报效朝廷，却都被贬外放。但仕途的变化并没有改变他们的初衷，他们都有达观的心态，在逆境中用诗词来传达对彼此的关切之情。这也成为文坛的千古佳话。

白堤

刘禹锡和白居易有一个共同的朋友——元稹，也许是因为元稹的关系，刘禹锡和白居易多次把各自写的诗寄给对方，对方收到诗后，往往会写诗回酬，互为唱和，很有意思。

白居易在杭州刺史任上写了一首《杭州春望》寄给刘禹锡：

望海楼明照曙霞，
护江堤白踏晴沙。
涛声夜入伍员庙，
柳色春藏苏小家。
红袖织绫夸柿蒂，
青旗沽酒趁梨花。
谁开湖寺西南路，
草绿裙腰一道斜。

这首诗的大意为，“朝霞映在望海楼上，阳光下护江堤上的白沙泛着光。深夜江涛声传入伍员庙，春意藏在杨柳环绕的苏小小家。红袖少女们用巧手织出柿蒂花纹的绫罗绸缎，面对早春的梨花喝着美酒。谁筑起西南通向孤山寺的路？这绿道真像美人的裙腰带。”

西泠桥边苏小小之墓

这首诗能让人感到白居易在杭州的自得其乐。

刘禹锡收到《杭州春望》以后，写了《白舍人自杭州寄新诗有柳色春藏苏小家之句因而戏酬兼寄浙东元相公》回酬，并且同时寄给了元稹。白居易曾为中书舍人，所以刘禹锡称他为白舍人。

钱塘山水有奇声，
暂谪仙官领百城。
女妓还闻名小小，
使君谁许唤卿卿。
鳌惊震海风雷起，
蜃斗嘘天楼阁成。
莫道骚人在三楚，
文星今向斗牛明。

很可能刘禹锡也感觉到了白居易在杭州的自得其乐，于是便“戏酬”一下。“戏酬”即调侃，只有好朋友之间才可能“戏酬”，可见刘禹锡与白居易关系不一般。

[元] 钱选：《孤山图卷》

这首诗的大意为，“钱塘山水现在有奇特的名声，是因为您这位统领百城之首的‘仙官’在这里坐镇（把唐代的杭州称为“百城之首”夸张了）。虽然杭州名妓苏小小美丽动人，可是使君您不许与苏小小卿卿我我（调侃之句）。您的文采像澎湃的海浪骤起，像海市蜃楼般迷人。不要再说文人墨客只出现在养育了屈原、宋玉的三楚之间，现在文星已经下凡到吴越之间了。”

其实，刘禹锡与白居易的第一次相见是在被贬之后的三年，地点是扬州。唐敬宗宝历二年（826年），刘禹锡和州刺史任满返回洛阳，白居易苏州刺史任上因病返回洛阳，二人在扬州初逢。

在酒席上，白居易为初次相见的刘禹锡写下了《醉赠刘二十八使君》：

为我引杯添酒饮，
与君把箸击盘歌。
诗称国手徒为尔，
命压人头不奈何。
举眼风光长寂寞，
满朝官职独蹉跎。
亦知合被才名折，
二十三年折太多。

这首诗的大意为，“你不停地为我斟酒，我用筷子敲击盘子来为你唱诗伴奏。你的诗才居满朝一流，可惜命运不让你出人头地。放眼望去，满朝官员都有了自己中意的职位，只有你在岁月中蹉跎而长期寂寞。都说人太有才华会被拖累，但是这二十三年你受到的挫折也太多了！”

听罢白居易唱诗，刘禹锡当即在酒席上回酬一首《酬乐天扬州初逢席上见赠》（很可能是吟唱）：

巴山楚水凄凉地，
二十三年弃置身。
怀旧空吟闻笛赋，
到乡翻似烂柯人。
沉舟侧畔千帆过，
病树前头万木春。
今日听君歌一曲，
暂凭杯酒长精神。

“巴山楚水”，指的是刘禹锡被贬后任职的朗州、连州、夔州、和州等边远地区。“闻笛赋”，用了西晋向秀的《思旧赋》的典故。三国曹魏末年，向秀的朋友嵇康、吕安被司马氏所杀，后来向秀路过嵇康、吕安的旧居，听到邻人吹笛，悲从中来，便作《思旧赋》。诗里刘禹锡借用这

扬州栖灵塔

个典故，怀念已死去的王叔文、柳宗元等人。“烂柯人”，用的是晋人王质的典故：相传，王质上山砍柴，观看两名童子下棋，等一局棋下完，手中的斧柄（柯）已经朽烂，他返回村庄，发现同代人都已经死亡，才知道已过了一百年。刘禹锡借用这个典故来表达自己长期遭贬的愤懑之意。

这首诗的大意为，“被贬在巴山楚水那样凄凉的地方已经二十三年了；回到故乡，熟悉的老友大多去世，只能用吟唱《思旧赋》来怀念他们；自己如同传说中的晋人王质，上山砍柴，回家发现居然过了百年。沉船的旁边仍然有千艘帆船浩荡驶过，枯树的前头仍然有万木争春。今天你为我吟诵诗篇，我听了很感动，暂且凭借着这杯美酒提振精神。”

惺惺相惜之情无以言表，都在诗里。

写诗为杭州
卖薪女不平

白居易在杭州作的诗，霁风朗月的居多，但也有一些诗反映了底层百姓的生活。即便是在当时比较富庶的杭州，白居易还是看到了百姓生活的不易，感慨之余，免不了写一些诗词来抒发情感。我们不妨把这些诗词当作社会纪实来读。

栖霞岭一隅

白居易在杭州写过一首诗《代卖薪女赠诸妓》，可能不太引人关注，他写的是一位卖薪女。薪，柴火，当时人们煮茶烧饭的主要燃料。卖薪女就是卖柴火的女人。诸妓，歌妓们。诗题意为，白居易代“卖薪女”写了这首诗送给歌妓们。

我们来读一读这首诗：

乱蓬为鬓布为巾，
晓踏寒山自负薪。
一种钱塘江上女，
著红骑马是何人？

西湖南屏山

这首诗的大意为，“粗布头巾遮盖不住集市上卖柴火女人乱草一样的头发，她们每天清早都要冒着寒冷上山背柴火，再下山去集市售卖。同样是生活在钱塘江畔的女人，为什么卖薪女如此辛苦，而你们（歌妓们）却穿红戴绿、骑马坐轿，过着舒服富足的日子？”

这首诗把卖薪女与歌妓的生活作了鲜明的对比，表达了白居易对辛苦劳作的女人们的深切同情。这一方面说明，白居易深入民间，对百姓的生活有较多的了解；另一方面也说明，富庶的杭州仍然民生艰难，要不然，“负薪”（背柴）这种体力活也不会让女人去干。

这首诗把卖薪女与“著红骑马”的歌妓们相比，但仅以外在的生活形态来判别人物褒贬，未必妥当。当然，我们也不能用现在的眼光来看待当时的生活而苛求白居易。

读罢《代卖薪女赠诸妓》，想起了白居易的另外一首诗——《卖炭翁》。《卖炭翁》与《代卖薪女赠诸妓》题材相似，内容相近，写的是一位卖炭老人的故事：

卖炭翁，伐薪烧炭南山中。
满面尘灰烟火色，两鬓苍苍十指黑。
卖炭得钱何所营？身上衣裳口中食。
可怜身上衣正单，心忧炭贱愿天寒。
夜来城外一尺雪，晓驾炭车辗冰辙。
牛困人饥日已高，市南门外泥中歇。
翩翩两骑来是谁？黄衣使者白衫儿。
手把文书口称敕，回车叱牛牵向北。
一车炭，千余斤，宫使驱将惜不得。
半匹红绡一丈绫，系向牛头充炭直（值）。

这首诗的大意为，“有位卖炭的老翁，常年在南山里砍柴烧炭。他灰头土脸，两鬓灰白，十个手指被烟熏火燎得黑乎乎的。他用卖炭得来的钱买衣裳和食物，求得温

饱。在这个寒冷的季节，他只穿着单薄的衣服，心里却担心天气不够冷，炭卖不出好价钱，反而希望天更冷一些。这天夜里下了一尺厚的大雪，清晨老翁驾着装满炭的牛车，走上了冰冻的道路赶往集市。路途艰难，牛累人饿，日头很高了他才来到集市南门外，不得不在泥泞中歇息。此时骑马过来了两个宫人（宦官），他们手里拿着文书，说是皇帝的命令要征购老翁的炭，老翁实在舍不得这车一千多斤的炭，可宫人硬要拉走，他也没办法抗拒。宫人把半匹红纱和一丈绫挂在牛脖子上，算是给了买炭的钱。"

《卖炭翁》是白居易组诗《新乐府五十首》中的第三十二首，在诗题后作者自注："苦宫市也。"一个"苦"字，道出了多少百姓的辛酸。

白居易的《新乐府》写于唐宪宗元和初年（约806—810年），这正是"宫市"为害最深的时候。所谓"宫市"，"宫"指的是皇宫即皇家，"市"指的是采办。皇宫里所需的各种物品，原先由专门负责的官吏采办。到了中唐时期，宦官专权，他们掌控了皇宫里所需物品的采办权，常常去长安东、西两市低价强购货物，甚至不给钱，采办成为变相的掠夺，百姓深受其害。从这首诗可以看出，白居易对"宫市"很了解，对底层百姓很同情，可他又无能为力，只能用他的诗句记录现实并进行批判。

《代卖薪女赠诸妓》和《卖炭翁》都表明白居易的悲悯之心，同时也是他对当时社会的批判。作为那个时代的官僚，他不可能改变社会现状，他只能在有限的权力范围内，为百姓做力所能及的事情，比如在杭州疏浚西湖，使之灌溉千顷良田，让百姓免于饥荒。白居易在离开杭州的时候写的《别州民》就表明他的这一心声：

耆老遮归路，
壶浆满别筵。
甘棠无一树，
那得泪潸然。
税重多贫户，
农饥足旱田。
唯留一湖水，
与汝救凶年。

“杭州第一亭”

杭州亭台楼阁众多，历代屡有建造。虽然因年代久远，难免兴废，但后世屡有修建重建，如今尚能看到的也不少。其中，有的声名远播，有的似同隐形。有一处名胜，因1000多年前白居易写了一篇短文，至今声名远播。这处名胜是灵隐寺西南角的冷泉亭，白居易为它写下了名篇《冷泉亭记》。

冷泉亭

杭州那么多亭台楼阁，为什么白居易单单写冷泉亭？让我们来读一读《冷泉亭记》，可探究一二。

东南山水，余杭郡为最。就郡言，灵隐寺为尤。由寺观，冷泉亭为甲。亭在山下，水中央，寺西南隅。高不倍寻，广不累丈，而撮奇得要，地搜胜概，物无遁形。春之日，吾爱其草薰薰，木欣欣，可以导和纳粹，畅人血气。夏之夜，吾爱其泉渟渟，风泠泠，可以蠲烦析酲，起人心情。山树为盖，岩石为屏，云从栋生，水与阶平。坐而玩之者，可濯足于床下；卧而狎之者，可垂钓于枕上。矧又潺湲洁沏，粹冷柔滑。若俗士，若道人，眼耳之尘，心舌之垢，不待盥涤，见辄除去。潜利阴益，可胜言哉！斯所以最余杭而甲灵隐也。

杭自郡城抵四封，丛山复湖，易为形胜。先是领郡者，有相里君造作虚白亭，有韩仆射皋作候仙亭，有裴庶子棠棣作观风亭，有卢给事元辅作见山亭，及右司郎中河南元藇最后作此亭。于是五亭相望，如指之列，可谓佳境殚矣，能事毕矣。后来者虽有敏心巧目，无所加焉。故吾继之，述而不作。

长庆三年八月十三日记

冷泉亭内景

余杭郡，即杭州。杭州在唐天宝年间曾被称为余杭郡，不久又废郡为州。地搜胜概，所处的地方是当地最美的景色。蠲烦析酲，即消除烦恼和困乏。云从栋生，即云彩从房屋栋梁上生出来。潜利阴益，即看不见的好处。相里造、韩皋、裴棠棣、卢元辅、元藇均为白居易之前的杭州刺史，他们分别建造了虚白亭、候仙亭、观风亭、见山亭、冷泉亭。

此文的大意为，“东南一带的水光山色，要数杭州最美。就杭州而言，灵隐寺周边则为佳地。纵观灵隐寺周边，冷泉亭则数第一。冷泉亭位于飞来峰下、山泉汇聚成的小涧之中央，灵隐寺的西南角。亭高不过十几尺，宽不到两丈，然而奇景汇聚，是当地最美的景色，在亭中可以观赏到灵隐周边四处的景致。春日，我喜爱这里芳草溢香、树木茂盛，可以呼吸清新的空气，令人神清气爽。夏夜，我喜爱那涓涓的泉水、和风清凉，可以让人消除烦恼和困倦，提振精神。以飞来峰上的树木为伞盖、岩石为屏风，雾气从亭的梁柱升起，泉水上涨到亭的台阶上。可以坐在亭中观赏风景，可以坐于亭椅上洗足，可以躺在亭中垂钓。泉水明澈而又清凉，无论是俗人还是出家人，不必去洗涤，自然而然就会清除掉眼、耳、心、舌的尘垢。冷泉亭不知不觉中带给人们的好处岂能都说尽。这就是冷泉亭的景致在杭州最好、在灵隐寺周边列为第一的缘故。杭州从城里到四边边界，山峦重叠，湖泊众多，随处都有景色秀美的地方。在我之前做杭州刺史的，相里造建了虚白亭、韩皋建了候仙亭、裴棠棣建了观风亭、卢元辅建了见山亭，最后到元藇建了冷泉亭。这五座亭像五个手指那样排列，它们已经把最好的景致都占据了，山水亭楼相融，该做的事情已经都做完了。我这个继任者即使有什么奇妙的想法，也没有地方可以再增添什么了。所以，我决定只记述建亭而不再筑亭了。”

关于冷泉亭等五亭，《淳祐临安志》卷八“城西诸山·亭馆”有记载：“虚白亭（虚白堂），郡守相里公造初建此亭；候仙亭，韩仆射皋建；见山亭，给事中卢元辅作；冷泉亭，元萸建；观风亭，唐庶子河东裴常棣造。”

这五座亭，白居易单单为冷泉亭写“记”，是不是可以说冷泉亭是他心目中的“杭州第一亭”呢？

虚白亭（虚白堂）在凤凰山“府治”中，也就是刺史官衙里，另有文章专述，在此不赘言了。冷泉亭现仍位于灵隐寺西南隅。亭中有一副董其昌题的对联：

泉自几时冷起，
峰从何处飞来。

遗憾候仙亭、见山亭、观风亭三亭，现在已无踪迹，也不知道当年建于何处。如果有可能考证出这三座亭的具体位置，进行重建，笔者认为也是很有意思的。

飞来峰莲花石

灵隐寺山门外

喜欢登望海楼

白居易在杭州当“市长”三年，写过许多诗，其中写望海楼或者在望海楼上写的诗不少。

望海楼在哪里呢？

《乾道临安志》卷一载：“东楼一名望海楼，在旧治中和堂之北。”《太平寰宇记》载：“名望潮楼，在钱塘县南一十三里，楼高一十八丈，唐武德七年置。废。”

钱塘江

也就是说，望海楼，又称望潮楼、东楼，建于唐武德七年（624年），位于凤凰山上的府衙中。

长庆二年（822年）十月的一日，刚到杭州的白居易忙完公务，傍晚时分登上望海楼，环顾府衙，远眺钱塘江，写下了《初领郡政衙退登东楼作》这首诗：

鳏茕心所念，简牍手自操。
何言符竹贵，未免州县劳。
赖是余杭郡，台榭绕官曹。
凌晨亲政事，向晚恣游遨。
山冷微有雪，波平未生涛。
水心如镜面，千里无纤毫。
直下江最阔，近东楼更高。
烦襟与滞念，一望皆遁逃。

这首诗的诗题“初领郡政衙退登东楼作”说得很明白，白居易刚上任，在府衙里处理公务一整天，“下班”后，退入后院登上东楼，眺望钱塘江，随即写下了这首诗。

“凌晨亲政事，向晚恣游遨”，是对其杭州刺史生涯的描述；“直下江最阔，近东楼更高”，描写的是府衙和周边的景物；“烦襟与滞念，一望皆遁逃”，抒发的是他的心情。浩荡的钱塘江水使人心胸开阔，种种的烦恼都遁逃得无影无踪。

正是有这样的体验，所以白居易特别喜欢东楼，常常登楼凭栏远眺，顺便写下不少诗篇。一首诗是《东楼南望八韵》：

不厌东南望，江楼对海门。
风涛生有信，天水合无痕。
鹢带云帆动，鸥和雪浪翻。
鱼盐聚为市，烟火起成村。
日脚金波碎，峰头钿点繁。
送秋千里雁，报暝一声猿。
已豁烦襟闷，仍开病眼昏。
郡中登眺处，无胜此东轩。

这首诗起联“不厌东南望，江楼对海门”说得明白，登东楼无数次，仍然“不厌”；尾联“郡中登眺处，无胜此东轩”，再说一次，府衙中虽然有多处楼台，但是没有一处比得上东楼。白居易对东楼的喜爱之情写得直截了当。

[清] 佚名:《浙江秋涛》

白苏二公祠（孤山路）

白苏二公祠内景

另一首诗是《江楼夕望招客》：

海天东望夕茫茫，
山势川形阔复长。
灯火万家城四畔，
星河一道水中央。
风吹古木晴天雨，
月照平沙夏夜霜。
能就江楼销暑否？
比君茅舍较清凉。

夏天某日傍晚，白居易在东楼上请朋友饮酒，钱塘江景和杭州城的万家灯火，触发了白居易的诗兴，他随即写下了这首诗。

这首诗的大意为，“傍晚在江楼上远眺，海天相连，群山连绵，杭州城里万家灯火。入夜，天上星河映入水中；晴天时，风吹古树沙沙响如同下雨声；夏夜里，月光洒满了大地如同寒霜铺地。能不能到江楼来消除暑气？这里比您的茅屋肯定要清凉得多。”

白居易没有说出他的朋友的名字，不过如此热情相邀，应该是情投意合的朋友吧。

由此也可以推断，东楼是白居易与朋友相聚的处所。

描写望海楼的诗还有本书中曾提及的《杭州春望》。这首诗被解读过无数次，公论是写杭州春景的绝妙之作。不过，笔者感兴趣的是两点：一是写杭州春景从望海楼即东楼开始，可见东楼在白居易心中的分量。二是在八句诗中，白居易居然写了四条“自注”，给我们留下了可贵的历史资料，其中既有地理位置又有生活习俗，有助于我们深入了解那个时代的杭州。

白居易在望海楼偶然看到钱塘江落日美景，赶紧找人写景入画，还亲自在画上题诗《江楼晚眺景物鲜奇吟玩成篇寄水部张员外》，然后寄给长安的朋友张籍。

《重题别东楼》这首诗作于长庆四年（824年），白居易离任前夕。读诗题，我们还可知，白居易此前写过一首《题别东楼》，《重题别东楼》是第二首诗。

东楼胜事我偏知，
气象多随昏旦移。
湖卷衣裳白重叠，
山张屏障绿参差。
海仙楼塔晴方出，
江女笙箫夜始吹。
春雨星攒寻蟹火，
秋风霞飐弄涛旗。
宴宜云髻新梳后，
曲爱霓裳未拍时。
太守三年嘲不尽，
郡斋空作百篇诗。

白居易自注：
余杭风俗：每寒食雨后夜凉，家家持烛寻蟹，动盈万人。每岁八月迎涛，弄水者悉举旗帜焉。

白居易从杭州离任时写过五首离别诗，《西湖离别》《留题天竺灵隐两寺》《别州民》，还有两首诗就是《题别东楼》和《重题别东楼》。

关于东楼，居然写两首离别诗，由此可见白居易对东楼实在非常喜欢。很可能这两首诗都是题在东楼某处墙上的，但遗憾的是我们现在无法看到白居易这两首诗的墨宝。

在《重题别东楼》里，白居易还有一条自注：“余杭风俗：每寒食雨后夜凉，家家持烛寻蟹，动盈万人。每岁八月迎涛，弄水者悉举旗帜焉。”我们可以从中了解两条信息：一是“每寒食雨后夜凉，家家持烛寻蟹”，而且“动盈万人”，可知当时钱塘江江面及沙滩之宽、赶潮的人之多。二是“每岁八月迎涛，弄水者悉举旗帜焉”。当时，农历八月十八钱塘江大潮时有健儿搏击浪潮，比宋初潘阆（？—1009年）在《酒泉子·长忆观潮》中描述的“弄潮儿向涛头立，手把红旗旗不湿”早得多。

唐武宗会昌元年（841年），白居易在洛阳写下《寄题余杭郡楼兼呈裴使君》一诗：

官历二十政，宦游三十秋。
江山与风月，最忆是杭州。
北郭沙堤尾，西湖石岸头。
绿觞春送客，红烛夜回舟。
不敢言遗爱，空知念旧游。
凭君吟此句，题向望涛楼。

诗题中的“余杭郡楼”即杭州虚白堂。白居易《九日宴集醉题郡楼兼呈周殷二判官》中有诗句云：“前年九日余杭郡，呼宾命宴虚白堂。”诗题中的“裴使君”指裴涛。白居易还作有《喜裴涛使君携诗见访醉中戏赠》一诗。由此可知，白居易与裴涛是诗友。

这首诗的大意为，“在三十年官宦生涯中，我在许多地方任职，就江山与风月而言，最留恋难忘之地是杭州。[三十年间白居易先后在长安、盩厔（今陕西周至县）、江州、忠州（今重庆忠县）、杭州、苏州、洛阳等地为官]杭州的北面外城有护江沙堤，可阻挡钱江潮入侵；西湖四周有石砌的堤岸，方便游人边走边观赏美景。白天可以在树下与好友举杯畅饮，傍晚可以在烛光摇曳的游船上看歌姬翩翩起舞。我不敢说把多少爱遗留在杭州，但追忆往日，在杭州度过的日子都是好时光，能不能请裴涛使君把我的诗书写在望涛楼上，让杭州人共享。”

在这首诗里有两联可以特别关注：一是“江山与风月，最忆是杭州”，在白居易的诗文中第一次出现“最忆是杭州”的诗句，此句直抒胸臆，表达了他对杭州的真爱。二是“凭君吟此句，题向望涛楼”，他还念念不忘杭州府衙中的东楼——望涛楼。

杭州府衙探秘

唐文宗开成二年（837年），65岁的白居易在洛阳写下《忆江南词三首》，此时他已经离开杭州13年了。

在《忆江南词三首》的第二首词中，白居易表达了他对杭州深深的眷恋：

江南忆，最忆是杭州。
山寺月中寻桂子，
郡亭枕上看潮头。
何日更重游？

钱塘江远眺

在白居易的记忆里，杭州最深刻的有两件事：一是在天竺寺、灵隐寺赏桂，二是在郡亭观潮。

那么，郡亭在哪里？读一读白居易《郡亭》一诗就知道了：

平旦起视事，亭午卧掩关。
除亲簿领外，多在琴书前。
况有虚白亭，坐见海门山。
潮来一凭槛，宾至一开筵。
终朝对云水，有时听管弦。
持此聊过日，非忙亦非闲。
山林太寂寞，朝阙空喧烦。
唯兹郡阁内，嚣静得中间。

“平旦起视事，亭午卧掩关”说的是衙门的作息；“潮来一凭槛”说的是衙门的位置，那里可以观赏钱江潮。可见郡亭是在州府衙门内。唐代杭州的州府衙门在哪里？在凤凰山上，《淳祐临安志》卷五载：“凤凰山之右自唐为治所。”

杭州凤凰山——唐宋杭州府衙所在地

白居易有一首诗《夜归》，记录了他的活动轨迹，我们可以从中知道他是如何先乘船后骑马回州府衙门的：

半醉闲行湖岸东，
马鞭敲镫辔珑璁，
万株松树青山上，
十里沙堤明月中。
楼角渐移当路影，
潮头欲过满江风，
归来未放笙歌散，
画戟门开蜡烛红。

再回过头去读“郡亭枕上看潮头”，就完全明白了。唐代钱塘江江面要比现在宽很多，山与水相近。在凤凰山的制高点，斜靠在枕上观赏滚滚而来的钱江潮是一种怎样的感觉，现在的人们实在无法想象。

凤凰山上的杭州州府衙门，历经千年，现在我们已经连遗迹都看不到了。不过好在白居易有随手写诗的习惯，我们可以从他留下的诗中想象一下府衙里的种种场景。除了郡亭，还有哪些？

——虚白堂。

白居易有诗《虚白堂》：

虚白堂前衙退后，
更无一事到中心。
移床就日檐间卧，
卧咏闲诗侧枕琴。

公务之余写写诗、听听琴，这就是白居易在杭州府衙里的日常生活。

——忘筌亭。

白居易有诗《忘筌亭》：

巘翠公门对，朱轩野径连。
只开新户牖，不改旧风烟。
虚室闲生白，高情澹入玄。
酒容同座劝，诗借属城传。
自笑沧江畔，遥思绛帐前。
亭台随处有，争敢比忘筌？

六和塔

筌，捕鱼的竹器。得鱼忘筌，意为捕到了鱼，忘了筌，指办成事以后忘了助力做此事的东西，这个典故出自《庄子·外物》。白居易诗里的意思可能是：我虽然在杭州为百姓做了一点事情，但靠的是众人的力量，“争敢比忘筌”。

——清辉楼。

白居易有诗《严十八郎中在郡日，改制东南楼，因名清辉，未立标榜，征归郎署。予既到郡，性爱楼居，宴游期间，颇有幽致，聊成十韵，兼戏寄严》：

严郎置兹楼，立名曰清辉。
未及署花榜，遽征还粉闱。
去来三四年，尘土登者稀。
今春新太守，洒扫施帘帏。
院柳烟婀娜，檐花雪霏微。
看山倚前户，待月阐东扉。
碧窗戛瑶瑟，朱栏飘舞衣。
烧香卷幕坐，风燕双双飞。
君作不得住，我来幸因依。
始知天地间，灵境有所归。

在这首诗里，白居易交代了清辉楼的来龙去脉。清辉楼以前叫东南楼，前任刺史严维改建后改名清辉楼，改建后还没有来得及居住，严维就调走了。“君作不得住，我来幸因依”，我这个新任州官捡了个现成便宜，“今春新太守，洒扫施帘帏”，住进了新居。

——花楼。

白居易有诗《花楼望雪命宴赋诗》：

连天际海白皑皑，好上高楼望一回。
何处更能分道路，此时兼不认池台。
万重云树山头翠，百尺花楼江畔开。
素壁联题分韵句，红炉巡饮暖寒杯。
冰铺湖水银为面，风卷汀沙玉作堆。
绊惹舞人春艳曳，勾留醉客夜徘徊。
偷将虚白堂前鹤，失却樟亭驿后梅。
别有故情偏忆得，曾经穷苦照书来。

花楼是冬季赏雪的一处好地方。这首诗描写的是冬日在花楼赏雪景的情形，登高四望“连天际海白皑皑”，朋友聚会“红炉巡饮暖寒杯”。

——因严亭。

白居易有诗《因严亭》：

箕颍人穷独，蓬壶路阻难。
何如兼吏隐，复得事跻攀。
岩树罗阶下，江云贮栋间。
似移天目石，疑入武丘山。
清景徒堪赏，皇恩肯放闲？
遥知兴未足，即被诏征还。

可能这是白居易在州府衙门写的最后一首诗。“清景徒堪赏，皇恩肯放闲？遥知兴未足，即被诏征还。”这几句诗的意思很明白，“皇帝怎么可能让我在这么好的景致里过着悠闲的日子，虽然悠闲的日子我还没有过够，但肯定要把我派去另外地方为官。”

绕郭荷花三十里

南宋杨万里的诗《晓出净慈寺送林子方》，为杭州西湖荷花“代言”的地位是无可动摇的，笔者曾有专文解读，此处不赘述。在杨万里之前及以后，宋代咏西湖荷花的诗词很多，因此人们通常以为杭州荷花之盛在宋代。其实不然，在唐代，杭州荷花阵势完全不输宋代。我们来读一读白居易在杭州写的两首诗就明白了。

西湖荷花

第一首诗：《采莲曲》。

菱叶萦波荷飐风，
荷花深处小船通。
逢郎欲语低头笑，
碧玉搔头落水中。

《采莲曲》，乐府旧题，《江南弄》七曲之一。萦，旋转。飐，摇曳。通，相遇。搔头，簪子。

这首诗的大意为，“菱叶随波漂荡，荷叶随风摇曳；荷花深处，两条采莲的小船相遇了。采莲女遇见了情郎，她心里想和他说话，却羞涩地低头微笑；她只顾低头，没有想到头上的玉簪滑落入水中。”

白居易这首《采莲曲》，有景、有人还有故事情节，非常生动。我们可以想象一下当时的场景，此时的白居易坐船穿行于荷花深处，偶遇一对采莲男女，恰巧被他看见“欲说还羞”的一幕，于是，他用诗句“定格”，记录了这样一幅美妙的生活画卷，真是诗中有画。

至于这首诗写的场景是哪里，毋庸置疑，是西湖。毕竟当时在杭州，白居易坐船游湖，不是西湖的话，还有什么湖？

第二首诗:《余杭形胜》。

余杭形胜四方无,
州傍青山县枕湖。
绕郭荷花三十里,
拂城松树一千株。
梦儿亭古传名谢,
教妓楼新道姓苏。
独有使君年太老,
风光不称白髭须。

白居易自注:州西灵隐山上有梦谢亭,即是杜明浦梦谢灵运之所,因名“客儿”也。苏小小,本钱塘妓也。

唐代，杭州曾称余杭郡，辖钱塘、余杭等八县。形胜，地势优越。郭，外城。千株松，或指万松岭，《咸淳临安志》卷二十八载，在和宁门外西岭上，多栽松，白居易《夜归》诗中有句“万株松树青山上，十里沙堤月明中”；或指九里松径，《西湖游览志》卷十载，唐玄宗开元年间，从洪春桥至灵隐天竺古道两侧广种松树，称“九里松径”。梦儿亭，即梦谢亭，在灵隐山畔，传说天竺寺杜明禅师夜梦有贤者来访，次日诗人谢灵运把儿子送来寄养，杜明禅师因此建梦谢亭，别称客儿亭。教妓，指南齐钱塘名妓苏小小。使君，是唐时对一州长官的称谓。

这首诗的大意为，“杭州依山傍水，优美的风景不是周围其他城市可以相比的。这个季节，围绕三十里外城的有盛开的荷花，成千上万的松树拂去城市的尘埃。曾经，大诗人谢灵运把儿子送到杭州天竺寺寄养，南朝名妓苏小小遗韵仍在。只是我这个州官年纪已经大了，花白的胡须与杭州美丽的风光不相称。”

这里，我们要特别关注的是“绕郭荷花三十里”。《淳祐临安志》载：“古州城，隋杨素创，周回三十六里九十步。”白居易取的是整数“三十里”。很明显，白居易这里写的不是西湖的场景，而是“绕郭”，也就是杭州城外，即方圆三十里之外。杭州城外的水塘众多，适宜种荷得藕，很可能那时候，种荷得藕是当地农业生产的一项重要内容，因此杭州藕粉的出名也就顺理成章了。

在发展种植业的同时，顺便形成了“绕郭荷花三十里”的“观光农业”，可谓一举两得。杭州的“形胜”有很多，白居易这首诗《余杭形胜》为什么会把不是“著名景点”的“绕郭荷花三十里”特别点出来呢？有没有可能这样的“观光农业”是白居易倡导的？这一点我们现在已无法得知。作为一州的最高长官，白居易首先考虑的是州民的温饱，就像修筑白公堤，首先考虑的是利于农田灌溉。至于能一举两得或多得，那是他的智慧使然。

诗寄崔湖州

白居易在杭州做刺史的同一时期，他的好友元稹、崔元亮分别在越州、湖州做刺史，虽然三人见面不多，但毕竟地域相邻，心理距离很近，白居易与元稹、崔元亮时有诗作唱和。笔者在前面已有专文讲述白居易与元稹诗作唱和，本文讲述白居易与崔元亮的诗作唱和。

白堤

崔元亮（768—833年），字晦叔，博陵郡安平县（今河北省安平县）人，唐德宗贞元十一年（795年）进士，曾任洛阳令和密州、歙州、湖州刺史，唐文宗时为太子宾客。白居易为崔元亮撰写墓志铭，可见两人的交情很不一般。

《晚春寄微之并崔湖州》一诗足以表明白居易与元稹和崔元亮的知音之交。

洛阳陌上少交亲，
履道城边欲暮春。
崔在吴兴元在越，
出门骑马觅何人。

微之，元稹的字。在洛阳时，崔元亮住在洛河以南的依仁坊，白居易住在西边的履道坊，元稹住在南临履道坊的履信坊。吴兴，湖州古称。

这首诗的大意为，"当年我们虽然都在洛阳为官，而且居住地相邻，却很少能在街上相遇、在居住地附近相见。如今，崔元亮在湖州为刺史、元稹在越州为刺史，尽管我们三人在相邻地区为官，仍然难以常见面。现在我骑马出门，到哪里才能寻见你们这样的知音呢？"

白居易同时将这首诗寄给元稹和崔元亮，既表达了他对朋友的思念，更表达了知音难求的孤独感，显示出白居易与元稹、崔元亮相交之深。

崔元亮写了《和白乐天》作答。

病余归到洛阳头，
拭目开眉见白侯。
凤诏恐君今岁去，
龙门欠我旧时游。
几人樽下同歌咏，
数盏灯前共献酬。
相对忆刘刘在远，
寒宵耿耿梦长洲。

这首诗的大意为，“那年在洛阳我病愈的时候，见到了您很惊喜，我擦亮眼睛看，真的是您吗？我担心哪天诏书下来调您去远方，我们又要分离；果然您去了杭州，说好的一起游龙门您还欠着我。想起了朋友们在一起喝酒吟诗的日子，杯盏交错，无比快乐。当时我们一起想念远方的刘禹锡，如今我孤独地在湖州，寒冷之夜，在梦中与你们相见。”

保俶塔

白居易还在《湖上招客送春泛舟》一诗中表达了自己对朋友的思念，表达了知音难求的孤独感。

欲送残春招酒伴，客中谁最有风情？
两瓶箬下新开得，一曲霓裳初教成。
排比管弦行翠袖，指麾船舫点红旌。
慢牵好向湖心去，恰似菱花镜上行。

白居易自注：时崔湖州寄新箬下酒来，乐妓按《霓裳羽衣曲》初毕。

箬下酒，产于长兴县下箬乡之箬溪北岸。麾，即古代军队指挥用的旗子。旌，用羽毛或牦牛尾装饰的旗子，泛指旗帜。风情，丰采。

这首诗的大意为，“暮春时节邀请朋友一起泛舟西湖，在座的有谁比我丰采更盛？我喝了湖州崔刺史刚送来的两瓶箬下酒，教会了歌姬们《霓裳羽衣曲》，欣赏着歌姬们在管弦声中翩翩起舞，挥动红旗指点船工前行。游船慢慢驶向湖心，如同行驶在镜面上。”

白居易给这首诗加了自注："时崔湖州寄新箬下酒来，乐妓按《霓裳羽衣曲》初毕。"自注里特别说明箬下酒是湖州刺史崔元亮送的，显出两人关系不一般。

唐穆宗长庆四年（824年），白居易杭州刺史任满，被召回洛阳，为太子左庶子。次年三月，白居易出任苏州刺史，此时崔元亮还在湖州刺史任上，两人又有了见面的机会。白居易写了《夜闻贾常州崔湖州茶山境会想羡欢宴因寄此诗》一诗记录了他们之间的交往。

遥闻境会茶山夜，
珠翠歌钟俱绕身。
盘下中分两州界，
灯前合作一家春。
青娥递舞应争妙，
紫笋齐尝各斗新。
自叹花时北窗下，
蒲黄酒对病眠人。

白居易自注：时马坠损腰，正劝蒲黄酒。

贾常州，时任常州刺史贾𫗧（?—835年），字子美，河南洛阳人，唐德宗贞元十九年（803年）进士，授渭南尉、考功员外郎，唐穆宗长庆四年（824年）为常州刺史，唐文宗大和三年（829年）为中书舍人，大和九年（835年）拜相。

境会，指浙江长兴与江苏宜兴交界处的境会亭。歌钟，编钟。

青娥，即美貌少女。紫笋，即紫笋茶，唐代贡茶，产于浙江长兴顾渚山和江苏宜兴的接壤处。北窗，即北堂。蒲黄，为中草药名。

这首诗的大意为，“听说你们相聚在茶山境会亭，编钟乐曲悠扬，歌舞姬通身珠光宝气。茶盘中分别摆放着常州、湖州出产的新茶，彩灯下大家一起品茶。大家一边欣赏美妙少女争奇斗艳的舞姿，一边评说两地新茶的品质。我这个病中人却在自家北堂喝药，不由得为此深深叹息。”

在唐代，湖州的紫笋茶和常州的阳羡茶都被列为贡茶。两州刺史每年春季会在两州毗邻的顾渚山境会亭举办茶宴，邀请士人品尝鉴茶。这一年，常州刺史贾餗和湖州刺史崔元亮照例举办茶宴，他们邀请苏州刺史白居易赴茶宴，不巧白居易病了，去不成。性喜热闹的白居易觉得非常遗憾，就写了这首诗寄给两州刺史聊以慰藉。

对杭州的“临别赠言”

唐穆宗长庆四年（824年）五月末，52岁的白居易从杭州离任，他在万分不舍中写下了诸多别样的“临别赠言”——诗文。

白居易的“临别赠言”写给谁呢？

西湖风光

——赠西湖。

朋友们知道白居易最喜爱西湖，特地在西湖边为他设宴践行。面对最喜爱的西湖美景，他一点都高兴不起来，写下了这首沉郁的《西湖留别》，与西湖道别。

征途行色惨风烟，
祖帐离声咽管弦。
翠黛不须留五马，
皇恩只许住三年。
绿藤阴下铺歌席，
红藕花中泊妓船。
处处回头尽堪恋，
就中难别是湖边。

祖帐，古代送人远行时设的帷帐。翠黛，女子眉毛，代指美女，此处代指西湖的美景。五马，指太守，此处指白居易自己。“皇恩只许住三年”，唐制，刺史任期三年，不得连任。

这首诗的大意是，“我将要踏上征程，临行前心情沉重。道别声压过了西湖边饯行筵席上的乐曲声。眼前的美丽景色再也无法挽留我了，皇帝只准许我在这里为官三年。曾经在绿藤阴下的筵席上载歌载舞，歌姬舞女的花船停泊在红莲花里。再回首，杭州处处都很值得眷恋，在这西湖岸边分别真是最难的事情。”

白居易在万般无奈中表达了对西湖的恋恋不舍之情，这是对西湖有多深厚的感情啊！

——赠官吏。

长庆四年（824年）三月，白居易主持修筑的钱塘湖堤竣工。他写了《钱塘湖石记》一文，命人刻碑立于湖边，告知后任具体如何操办蓄水灌溉事宜。“大抵此州春多雨，秋多旱，若堤防如法，蓄泄及时，即濒湖千余顷田无凶年矣。”（前文已述，此处从略。）

读此文，可见白居易操心民生的心思之缜密、举措之务实，实在是为官之楷模。

圣塘闸亭

——赠友人。

杭州是“东南佛国”，白居易在杭州刺史任上结识了一批朋友，其中有一些僧人。他出入佛教圣地，尤其经常造访天竺寺、灵隐寺，与僧人结为诗友，在奉诏即将离开杭州时，白居易写下了《留题天竺灵隐两寺》：

在郡六百日，入山十二回。
宿因月桂落，醉为海榴开。
黄纸除书到，青宫诏命催。
僧徒多怅望，宾从亦徘徊。
寺暗烟埋竹，林香雨落梅。
别桥怜白石，辞洞恋青苔。
渐出松间路，犹飞马上杯。
谁教冷泉水，送我下山来。

白居易自注：天竺尝有月中桂子落，灵隐多海石榴花也。

白居易自注：石桥在天竺，明洞在灵隐。

这是白居易第十二次重游天竺、灵隐，与他钟爱的山水、交厚的僧人依依惜别，流连忘返，思绪万千，情涌笔端。“黄纸除书到，青宫诏命催”，尽管他是多么不愿意离开杭州，但是身不由己，无可奈何。

中天竺法净禅寺

——赠百姓。

长庆四年（824年）五月末，白居易离任，杭州百姓不舍，当天万民夹道相送，白居易的《别州民》就是他与杭州百姓依依惜别的纪实：

耆老遮归路，壶浆满别筵。
甘棠无一树，那得泪潸然。
税重多贫户，农饥足旱田。
唯留一湖水，与汝救凶年。

白居易自注：
今春曾筑钱塘湖堤，贮水以防天旱，故云。

《史记》载，周召公巡行乡邑，在甘棠树下“决狱政事”，自侯伯至庶人各得其所，无失职者。召公死后，百姓感怀召公德政，不敢砍伐棠树，并且作甘棠之诗，歌咏召公德政，后人以“甘棠”指有德政的地方官。

这首诗的大意为，“杭州的父老乡亲拦路相送，准备了水酒筵席。我这个地方官在任时一无建树，感到十分惭愧，不禁潸然泪下。因为苛捐杂税重，贫穷的农户很多；又因为旱田多，农民为饥荒所迫。我只能给父老们留下一湖水，以缓解干旱年份的灾荒。”

别州民（雕塑）

梦回钱塘诗词中

人与人相交是要有缘分的，一个人与某个城市相交也是要有缘分的。一个匆匆过客，却对这个城市屡屡思念，那是怎样的缘分才会如此啊！

白居易在唐穆宗长庆二年（822年）七月至长庆四年（824年）五月任杭州刺史，连头带尾名义上3年，实际上只有23个月，但他却与杭州结下了

善缘。他不仅筑堤修井为杭州百姓谋福利，而且还写了许多诗词为杭州做推广，甚至在他离开杭州几年、十几年后，仍然对杭州念念不忘。那可是真爱，有诗词为证——

先读《忆杭州梅花因叙旧游寄萧协律》：

三年闲闷在余杭，
曾为梅花醉几场。
伍相庙边繁似雪，
孤山园里丽如妆。
蹋随游骑心长惜，
折赠佳人手亦香。
赏自初开直至落，
欢因小饮便成狂。
薛刘相次埋新垄，
沈谢双飞出故乡。
歌伴酒徒零散尽，
唯残头白老萧郎。

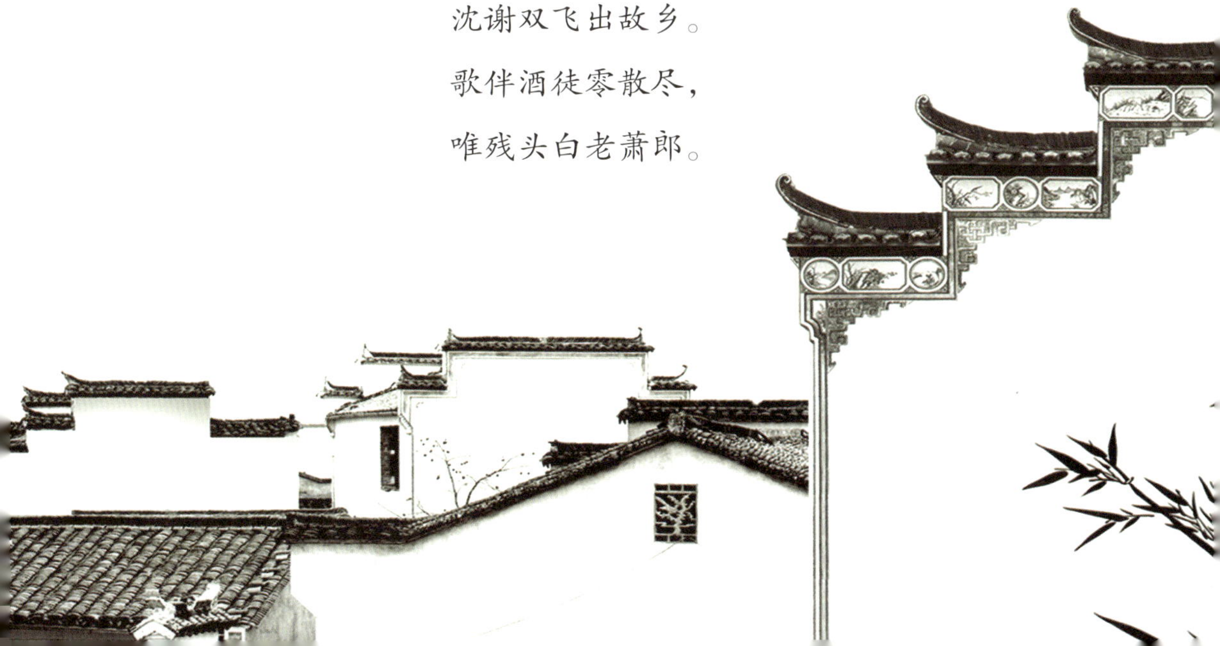

长庆四年（824年）五月，白居易在杭州任期满，奉调回到东都洛阳。在这首诗里，白居易追忆当年在杭州“曾为梅花醉几场”的赏梅趣事，他曾将梅花作为珍贵礼物赠佳人，也曾因落梅被游骑践踏而惋惜。他赏梅“赏自初开直至落”，对孤山梅花可谓一往情深。

再读《答客问杭州》：

为我踟蹰停酒盏，
与君约略说杭州。
山名天竺堆青黛，
湖号钱塘泻绿油。
大屋檐多装雁齿，
小航船亦画龙头。
所嗟水路无三百，
官系何因得再游？

这首诗是白居易在苏州刺史任上所作。唐敬宗宝历元年（825年），他任苏州刺史。“上有天堂，下有苏杭”，苏州也是好地方，可白居易却在苏州向朋友极力推荐杭州，也许他的朋友正要去杭州，白居易很高兴地当了一回“导游”。诗句中，他对杭州美景如数家珍，字里行间充满着对杭州的思念。

想象一下当时的场景，白居易眉飞色舞地对客人这么说：“你问我杭州咋样，问对人了。咱把酒杯放下，先别喝了，你听我说。美景实在太多，我只能简单说几处。天竺山像青黛描绘的图画那样，阳光下钱塘湖水绿波粼粼；街上高大的房屋一排连着一排，西湖里的游船都装饰精美；从苏州到杭州走水路不到三百里，可叹我官职在身，没有办法重游啊。”

又读《杭州回舫》：

自别钱塘山水后，
不多饮酒懒吟诗。
欲将此意凭回棹，
报与西湖风月知。

这首诗也是白居易离开杭州前往洛阳的途中写的。这首诗的大意为：“自从告别了钱塘山山水水，我很少喝酒和吟诗，我要把这种心情，让南去的小船告诉西湖的风和月。”

酒和诗可以说是诗人的“随身用品”，随时携带随处使用，难道离开杭州以后，真的就没有了喝酒的兴致和写诗的灵感吗？当然不是，白居易在这首诗里只是用夸张的手法表达他对杭州的真爱。

还读《寄题余杭郡楼兼呈裴使君》：

官历二十政，宦游三十秋。
江山与风月，最忆是杭州。
北郭沙堤尾，西湖石岸头。
绿觞春送客，红烛夜回舟。
不敢言遗爱，空知念旧游。
凭君吟此句，题向望涛楼。

西湖游船

这首诗是唐文宗会昌元年（841年），白居易在洛阳任太子宾客时所作。这首诗里第一次出现了“最忆是杭州”的诗句，白居易直抒胸臆，表达了对杭州的真爱。（本诗大意前文已解读，这里不再赘述。）

重读《忆江南词三首》。

唐文宗开成三年（838年），白居易在洛阳任太子少傅，作《忆江南词三首》，其中第二首广为人知。

词的开头二句，“江南忆，最忆是杭州”，直接抒发了白居易对杭州的思念之情。他记忆中的江南，给他留下最深印象的是杭州。“山寺月中寻桂子，郡亭枕上看潮头”是白居易对往昔在杭州美好生活的深情追忆。他在《留题天竺灵隐两寺》诗中说：“在郡六百日，入山十二回。宿因月桂落，醉为海榴开。”可见他对天竺山特别喜爱，当然印象也特别深。白居易在《郡亭》诗中说：“况有虚白亭，坐见海门山。”在临江的虚白亭，躺在舒适的床枕上，观赏钱江潮，这是多么惬意的生活，怎么会忘记？有意思的是，白居易“最忆是杭州”，不是曾经的“最爱湖东行不足，绿杨阴里白沙堤”，而是天竺的桂子与钱江潮。66岁的白居易，身在洛阳，心却向往杭州，他多么希望有朝一日能重游杭州，再次欣赏人间天堂的美景，与老朋友饮酒叙旧作诗。

白居易对杭州真是一往情深！

[南宋]李嵩:《月夜看潮图》

给杭州的“检讨书”

在白居易为杭州写的诗词中，有两首诗流传不广。这也许是历代杭州人不太愿意传播两首诗，因为他们心目中的白居易是白璧无瑕的，担心这两首诗影响白居易的完美形象。当然，这只是笔者个人的臆测。

西湖

笔者倒认为这两首诗从另外一个侧面，显示出白居易的人格。笔者把这两首诗戏称为“白居易给杭州的‘检讨书’”。我们读一读《三年为刺史二首》这两首诗。

其一

三年为刺史，无政在人口。

唯向郡城中，题诗十余首。

惭非甘棠咏，岂有思人不？

其二

三年为刺史，饮冰复食蘖。

唯向天竺山，取得两片石。

此抵有千金，无乃伤清白。

第一首诗中，“甘棠”的典故出自《史记》，后人常用“甘棠”来称颂官吏的政绩；第二首诗中，饮冰、食蘖，则形容生活清苦，为人清白。

这两首诗的大意为，“做了三年的刺史，我没有什么政绩能让百姓称颂，只有走到郡城中去，作诗十多首以示纪念。非常惭愧这些并不是吟咏甘棠的诗句，会有人想到我吗？做了三年的刺史，我常喝冷水、吃苦菜，只是前往天竺山，取了两块石头留作纪念。此石在我心中抵得上千金，也应该不会有损我的清誉吧？”

先说天竺石。据传，古时浙江杭州天竺山莲花峰一带盛产天竺石，这种石头晶莹清润，嵌空剔透，玲珑俊逸。不过，作为生于此长于斯的杭州人，笔者却没有听说过天竺石。几十年中笔者虽然去过天竺山无数次，但从来没有留意过传说中的天竺石，只是在网络图片上见过所谓的天竺石，未知真假，看上去似乎与普通的鹅卵石差不多，不大可能如田黄、鸡血石那样名贵。为什么白居易离开杭州的时候会带两块天竺石留作纪念呢？笔者以为有两个原因：一个是有传言白居易性喜泉石，就是喜欢鹅卵石；还有一个是他钟爱天竺山，他不仅喜欢那里的环境，更留恋那里的朋友。

天竺溪石

白居易在苏州刺史任上作有《答客问杭州》一诗，前四句为：

为我踟蹰停酒盏，
与君约略说杭州。
山名天竺堆青黛，
湖号钱塘泻绿油。

天竺溪

白居易在杭州时，常出入佛教圣地，尤其经常造访天竺寺，与一些僧人结为师友，并写下了不少诗，表达对天竺、灵隐的山水人文与佛刹梵音的挚爱。

所以，白居易任满离开杭州时会取两块天竺石留作纪念。仅仅如此，白居易还免不了自责：拿两块石头好吗？有没有因此损害了我为官的清白？

再来简单说说“三年为刺史，无政在人口。”白居易在任23个月，干了两件大事：重新浚治了唐建中二年（781年）至兴元元年（784年）杭州刺史李泌在钱塘门、涌金门一带开凿的六井，改善了市民的用水条件；加高西湖湖堤，修筑堤坝水闸，增加了湖水容量，解决了杭州数十万亩农田的灌溉问题。这样的德政，怎么会“无政在人口”？白居易太谦虚了！历代杭州人民已经用“白堤”两个字表达了对白居易的崇敬！

不过，在白居易看来，这是他应该做的，为官一任就应该造福一方，没有什么可说的。倒是拿了两块石头，他总觉得心有不安。

其实，白居易完全没有必要心有不安，他已经为这两块石头“买单”了。据《唐语林》：“公（白居易）罢杭，俸钱多留官库，继守者公用不足，则假以复填。”白居易把自己积攒下来的“工资”留给了杭州办“民生实事”。

天竺牌坊

身在洛阳心系杭州

白居易在杭州三年，写下十几首诗，既赞美了杭州的山山水水，又记录了他在杭州的种种活动，包括与朋友的交往，对杭州可谓一往情深。这里说说他身在洛阳心系杭州的两首诗。

白堤

唐文宗大和八年（834年），得知姚合赴任杭州刺史，时任太子宾客的白居易立马写了《送姚杭州赴任因思旧游二首》送给他。

其一

与君细话杭州事，
为我留心莫等闲。
闾里固宜勤抚恤，
楼台亦要数跻攀。
笙歌缥缈虚空里，
风月依稀梦想间。
且喜诗人重管领，
遥飞一盏贺江山。

其二

渺渺钱塘路几千，
想君到后事依然。
静逢竺寺猿偷橘，
闲看苏家女采莲。
故妓数人凭问讯，
新诗两首倩留传。
舍人虽健无多兴，
老校当时八九年。

白居易自注：
杭民至今呼余为白舍人。

姚合（776—842年），字大凝，陕州（今河南陕县）人，唐代名相姚崇的曾侄孙，唐宪宗元和十一年（816年）进士，历任监察御史、杭州刺史、刑部郎中、秘书监等官职。姚合有诗名，与白居易、刘禹锡、张籍、贾岛等交游。

先来解释“白居易自注：杭民至今呼余为白舍人”，唐穆宗长庆二年（822年），白居易在中书舍人任上被外放为杭州刺史，因此杭州百姓称他“白舍人”。白居易说“杭民至今呼余为白舍人”，可知他虽然离开了杭州，但与杭州的联系没有断，也许诗友与他书信往来中提到了“杭州百姓牵挂这位白舍人”，因此白居易会有“杭民至今呼余为白舍人”的自注。

在杭州的诗友和杭州百姓牵挂“白舍人”，“白舍人”当然也牵挂在杭州的诗友和杭州百姓，他得知姚合赴任杭州刺史，立即来了兴致，提笔写了两首诗。白居易很主动地“与君细话杭州事”，请姚合“为我留心莫等闲”，到了杭州尽快为他去四处走走看看，不要等有了空闲才去，兴奋之情溢于言表。

在这两首诗里，白居易对姚合说，“虽然为官应该勤勉，但是也要登上亭台楼阁，领略笙歌与风月。由您主持杭州诗文，我在洛阳远远地敬一杯酒表示祝贺。”

在诗里，白居易遥想姚合到了杭州之后，去天竺寺的路上会看到“猿偷橘”，在西湖里“闲看苏家女采莲”，还会有“故妓数人凭问讯”。若歌妓们向姚合打听白居易的近况，写这两首诗就算给她们传个话了：“白舍人在洛阳身体康健，只是兴致不高，过日子如同当年在京城当校书郎那样。”

诗题“思旧游”，说明白居易回想在杭州刺史任上，公事之余，常常与诗友们流连于西湖的山山水水，领略杭州的春花秋月、良辰美景、享受活动中的诗酒交融、丝竹悦耳、霓裳羽衣。

白居易非常留恋在杭州的日子，可是“皇命只许住三年”，任期满了，他不得不离开他钟爱的杭州。

[清]丁恒：《钱塘观潮通景屏》（局部）

谁最早把“西湖”二字写入诗文

西湖旧名钱塘湖。《梦粱录·西湖》中说：“杭城之西，有湖曰西湖，旧名钱塘。”在唐代以前，只有钱塘湖，而没有叫作“西湖”的。那是什么时候、由谁最早把钱塘湖称为“西湖”并写入诗文呢？

西湖

查阅了很多史料后发现，最早把钱塘湖称为“西湖”并写入诗文的，是唐代的两位诗人，白居易和李绅。

先来说说李绅。

李绅（772—846年），字公垂，亳州谯县古城人（今安徽省亳州市谯城区古城镇）人，六岁丧父，随母迁居无锡（今江苏无锡）。唐德宗贞元十八年（802年），李绅与元稹、白居易因同年考试而相识。唐宪宗元和元年（806年）进士及第，做过江州、滁州、汴州刺史，入朝为中书侍郎、同平章事，出为淮南节度使。大和七年（833年）为浙东观察使。唐武宗会昌六年（846年），病逝于扬州，追赠太尉，谥号“文肃”。

李绅写过一首诗《重别西湖》——

浦边梅叶看凋落，
波上双禽去寂寥。
吹管曲传花易失，
织文机学羽难飘。
雪欺春早摧芳萼，
隼励秋深拂翠翘。
繁艳彩毛无处所，
尽成愁叹别溪桥。

这首诗的大意为，“眼看着西湖边的梅树叶落凋零，湖上一对鸳鸯游向远方。箫声悠扬却吹落了春花，织布上出现的羽毛怎么能与真的飞鸟羽毛相比。嫌春花开得太早，飞来一场寒雪，好像鹰隼在寒秋抚摸着树枝。那些色彩斑斓的飞鸟去了哪里？就像你我那样在溪桥边告别。”

李绅这首诗写的是再次离别西湖的感触，他心情十分低落，可见他非常喜欢西湖。诗题《重别西湖》，显然第一次离别西湖时已经写过一首离别诗。

李绅在唐德宗贞元十八年（802年）游历江浙，唐文宗大和七年（833年）为浙东观察使，因此，这首诗有可能在这两个时间点所作；又因为“重别西湖”，也就是第二次告别西湖，这首诗更有可能是他在浙东观察使任上所作。

对于李绅，可能读者不太熟悉，可他的诗《悯农二首》，熟悉的人就多了。

其一

春种一粒粟，秋收万颗子。

四海无闲田，农夫犹饿死。

其二

锄禾日当午，汗滴禾下土。

谁知盘中餐，粒粒皆辛苦？

再来说说白居易。

白居易在杭州刺史任上（822—824年）写过的诗中，有四处把钱塘湖称为“西湖”：三处是诗题，《西湖晚归回望孤山寺赠诸客》《早春西湖闲游，怅然兴怀，忆与微之同赏。因思在越官重事殷，镜湖之游，或恐未暇，偶成十八韵寄微之》《西湖留别》；还有一处是诗句，“何如尽日醉西湖？”下面我们分别来说说。

雷峰塔

第一首诗《西湖晚归回望孤山寺赠诸客》——

柳湖松岛莲花寺，
晚动归桡出道场。
卢橘子低山雨重，
栟榈叶战水风凉。
烟波澹荡摇空碧，
楼殿参差倚夕阳。
到岸请君回首望，
蓬莱宫在海中央。

柳湖，即西湖边多柳树。松岛，即孤山。莲花寺，即孤山寺。桡，即船桨。道场，即佛家讲经做法事的场所。卢橘子，即枇杷。栟榈，即棕榈。战，即颤动。澹荡，即荡漾。空碧，即水天交融。蓬莱宫，传说中海上仙山。

这首诗的大意为，“在西湖柳树环绕的孤山有座莲花寺，傍晚听完高僧讲解佛经后，我坐船离开了寺院。成熟的枇杷果实低垂，清风吹动着棕榈的叶子。湖面上水气迷蒙清波荡漾，夕阳给湖上参差不齐的亭台楼阁披上了金光。到了岸上回头望去，孤山寺就像蓬莱宫那样坐落在西湖中央。”

西湖平湖秋月一隅

这首诗写的是白居易去西湖孤山寺参加一个法会，在夕阳下离开孤山、回望孤山的场景。诗题《西湖晚归回望孤山寺赠诸客》，直接把钱塘湖称为“西湖”，这也是白居易写的众多有关西湖的诗中第一次在诗题中出现“西湖”。很多人熟悉的《钱塘湖春行》一诗，虽然写的是西湖春景，但诗题用的是旧名“钱塘湖”，而不是“西湖”。

第二首诗《早春西湖闲游，怅然兴怀，忆与微之同赏。因思在越官重事殷，镜湖之游，或恐未暇，偶成十八韵寄微之》——

上马复呼宾，湖边景气新。管弦三数事，骑从十余人。
立换登山屐，行携漉酒巾。逢花看当妓，遇草坐为茵。
西日笼黄柳，东风荡白蘋，小桥装雁齿，轻浪甃鱼鳞。
画舫牵徐转，银船酌慢巡。野情遗世累，醉态任天真。
彼此年将老，平生分最亲。高天从所愿，远地得为邻。
云树分三驿，烟波限一津。翻嗟寸步隔，却厌尺书频。
浙右称雄镇，山阴委重臣。贵垂长紫绶，荣驾大朱轮。
出动刀枪队，归生道路尘。雁惊弓易散，鸥怕鼓难驯。
百吏瞻相面，千夫捧拥身。自然闲兴少，应负镜湖春。

第三首诗《西湖留别》——

征途行色惨风烟，
祖帐离声咽管弦。
翠黛不须留五马，
皇恩只许住三年。
绿藤阴下铺歌席，
红藕花中泊妓船。
处处回头尽堪恋，
就中难别是湖边。

白居易在杭州写的众多有关西湖的诗中，在诗句里唯一直接把钱塘湖称为“西湖”的，是《湖上醉中代诸妓寄严郎中》里的“何如尽日醉西湖？”——

笙歌杯酒正欢娱，
忽忆仙郎望帝都。
借问连宵直南省，
何如尽日醉西湖？
蛾眉别久心知否，
鸡舌含多口厌无？
还有些些惆怅事，
春来山路见蘼芜。

白居易在修筑“西湖”“白堤”后，在堤上立了一块碑，告诉继任者如何合理利用湖水灌溉农田。碑的内容是《钱塘湖石记》，用的是“钱塘湖”而不是“西湖”，这说明“西湖”二字在官方行文中还没有被正式确认。李绅和白居易的诗中出现“西湖”，是不是可以理解为，当时民间已经有人把钱塘湖称为“西湖”了，所以诗人们会在诗文中混用“钱塘湖”与“西湖”。

李绅在唐德宗贞元十八年（802年）游历两浙，唐文宗大和七年（833年）为浙东观察使；白居易在唐穆宗长庆二年（822年）为杭州刺史。两位诗人到杭州的年代相近，在杭州写的诗都把钱塘湖称为“西湖”；在他们之前的诗人的作品里，还没有出现过“西湖”。

那么，谁最早把钱塘湖称为“西湖”？可能是白居易。

一是白居易比李绅在江南为官时间早了10年；二是李绅写的是《重别西湖》，不是贞元十八年（802年）游历两浙时第一次离别西湖，很可能是在浙东观察使任上游杭州西湖后的再次离别之作。如果我们能找到李绅贞元十八年（802年）游历两浙时有可能写的《别西湖》，那就另当别论了。

最早把西湖写入公文中的是苏轼，宋哲宗元祐五年（1090年），他为疏浚西湖而给朝廷上了一道奏章——《乞开杭州西湖状》。

《白氏长庆集》

元稹与白居易的交情之深，可以从他为白居易做的一件事情看出来；白居易与元稹的交情之深，也可以从他为元稹做的一件事情看出来。

这里先说说元稹为白居易做的一件事情。

《四部丛刊》集部《白氏长庆集》

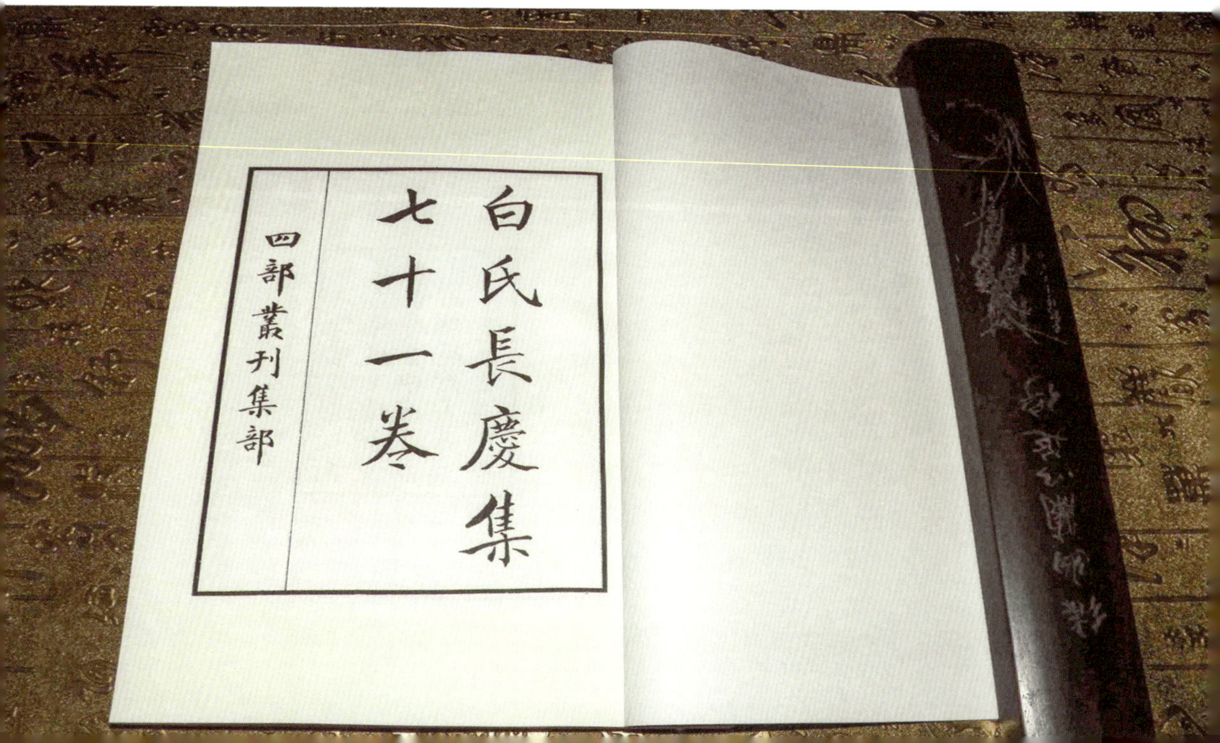

唐穆宗长庆四年（824年），白居易杭州刺史任满，被召回洛阳为太子左庶子。白居易离开杭州前，时任越州刺史的元稹，把白居易所有的诗都要去了，他要给白居易编一本诗集。元稹还为白居易的诗集取名为《白氏长庆集》，并作序。在序里，元稹介绍了白居易的家世和成长经历，介绍了他与白居易结为至交的过程，并对白居易的诗作了艺术方面的评价。

《白氏长庆集》序

《白氏长庆集》者，太原人白居易之所作，居易字乐天。乐天始言，试指"之""无"二字，能不误。始既言，读书勤敏，与他儿异。五六岁识声韵，十五志诗赋，二十七举进士。贞元末，进士尚驰竞，不尚文，就中六籍尤摈落。礼部侍郎高郢始用经艺为进退，乐天一举擢上第。明年拔萃甲科，由是《性习相近远》《求元珠》《斩白蛇剑》等赋，及百道判，新进士竞相传于京师矣。会宪宗皇帝册召天下士，乐天对诏称旨，又登甲科。未几，入翰林，掌制诰，比比上书言得失。因为《贺雨》《秦中吟》等数十章，指言天下事，时人比之《风》《骚》焉。

予始与乐天同校秘书前后，多以诗章相赠答。会予谴掾江陵，乐天犹在翰林，寄予百韵律诗及杂体，前后数十章。是后各佐江、通，复相酬寄。巴蜀江楚间洎长安中少年，递相仿效，竞作新词，自谓为“元和诗”，而乐天《秦中吟》《贺雨》《讽谕》《闲适》等篇，时人罕能知者。然而二十年间，禁省、观寺、邮堠墙壁之上无不书，王公妾妇、牛童马走之口无不道，至于缮写模勒，铉卖于市井，或持之以交酒茗者，处处皆是。其甚者，有至于盗窃名姓，苟求自售。杂乱间厕，无可奈何！予于平水市中，见村校诸童竞习诗，召而问之，皆对曰：“先生教我乐天、微之诗。”固亦不知予之为微之也。又鸡林贾人求市颇切，自云：“本国宰相每以一金换一篇，其甚伪者，宰相辄能辨别之。”自篇章以来，未有如是流传之广者。

长庆四年，乐天自杭州刺史以左庶子诏还，予时刺会稽，因得尽征其文，手自排缵，成五十卷，凡二千一百九十一首。前辈多以“前集”“中集”为名，予以为陛下明年当改元长庆，讫于是，因号曰《白氏长庆集》。大凡人之文各有所长，乐天之长可以为多矣。夫讽谕之诗长于激，闲适之诗长于遣，感伤之诗长于切，五字律诗、百言而上长于赡，五字七字、百言而下长于情，赋赞箴戒之类长于当，碑记叙事制诰长于实，启奏表状长于直，书檄词策剖判长于尽。总而言之，不亦多乎哉！至于乐天之官秩景行，与予之交分浅深，非叙文之要也，故不书。

长庆四年冬十二月十日，微之序

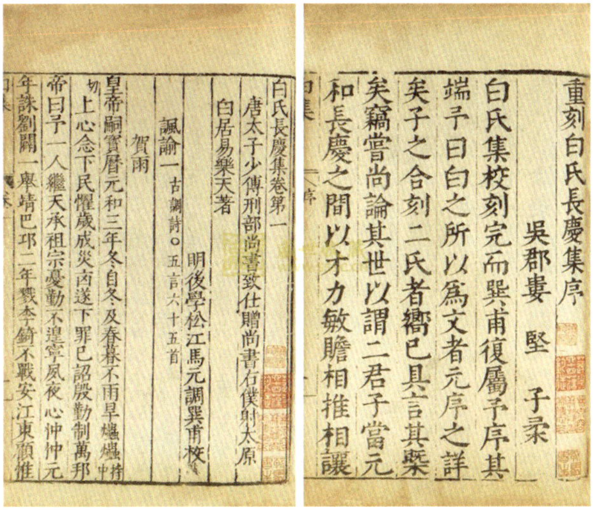
重刻白氏長慶集序
吳郡婁堅子柔
白氏集校刻完而巽甫復屬予序其
端予曰白之所以爲文者元序之詳
矣子之合刻二氏者嚮已具言其槩
矣竊嘗尚論其世以謂二君子當元
和長慶之間以才力敏贍相推相讓

白氏長慶集卷第一
唐太子少傅刑部尚書致仕贈尚書右僕射太原
白居易樂天著
明後學松江馬元調巽甫校
諷諭一 古調詩○五言六十五首
賀雨
皇帝嗣寶曆元和三年冬自冬及春暮不雨旱爞爞（持中切）
上心念下民懼歲成災凶遂下罪己詔殷勤制萬邦
帝曰予一人繼天承祖宗憂勤不遑寧夙夜心忡忡元
年誅劉闢一舉靖巴邛二年戮李錡不戰安江東顧惟

明刻本《白氏长庆集》

接着我们来说说白居易为元稹做的一件事情。

唐文宗大和五年（831年）七月二十二日，元稹暴卒于武昌军节度使任所，终年53岁，有人说他服食丹药中毒身亡，存疑。当元稹的灵柩运回老家咸阳时，途径洛阳，白居易挥泪为元稹撰写了墓志铭——《唐故武昌军节度处置等使正议大夫检校户部尚书鄂州刺史兼御史大夫赐紫金鱼袋赠尚书右仆射河南元公墓志铭（并序）》。

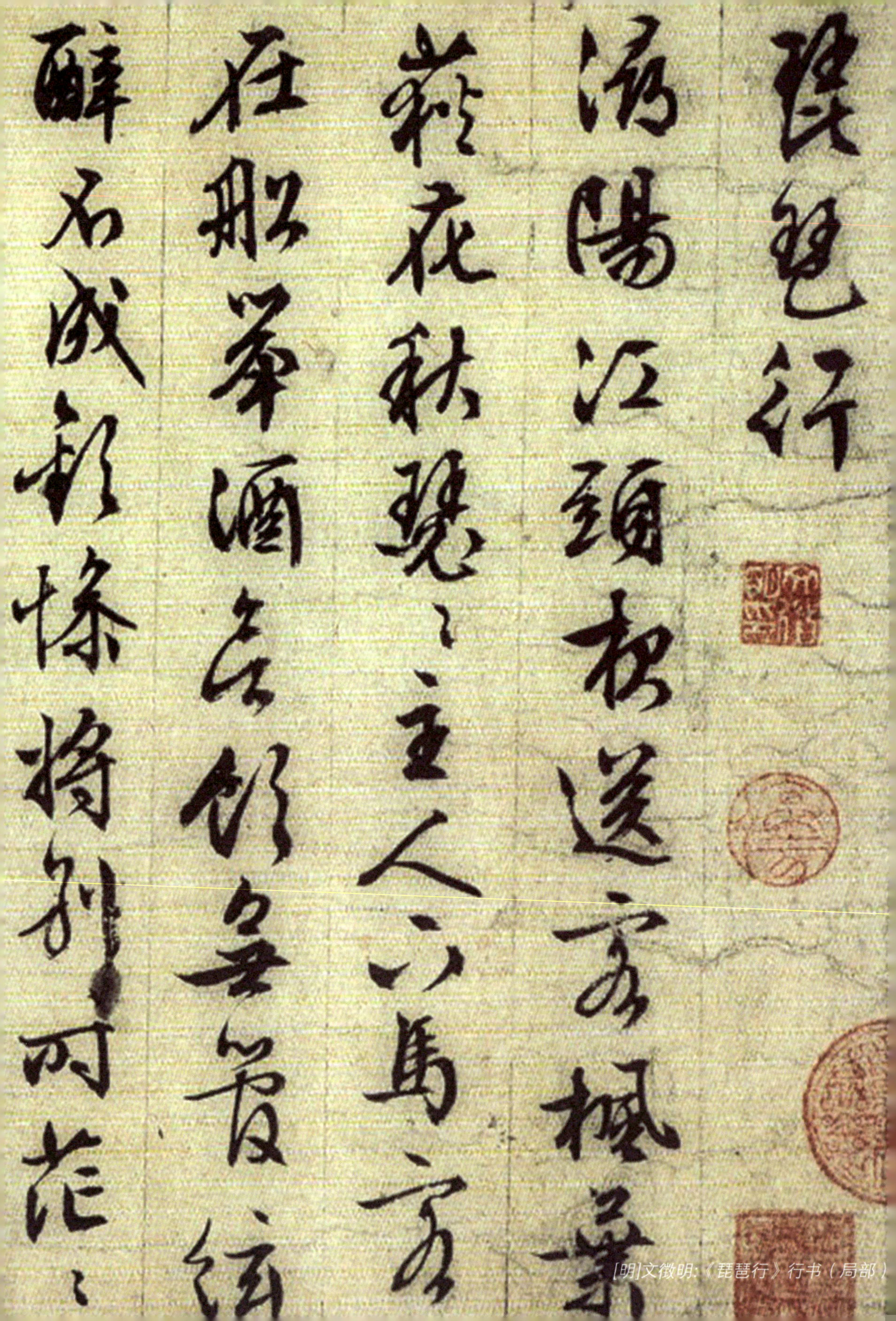

[明]文徵明:《琵琶行》行书（局部）

在这篇1700多字的墓志铭中，白居易对元稹评价极高，“又观其述作编纂之旨，岂止於文章刀笔哉？实有心在於安人治国，致君尧舜，致身伊皋耳。”称他为“致君尧舜”的相才。

白居易对元稹的感情之深还可以从《梦微之》一诗中真切地感受到：

夜来携手梦同游，
晨起盈巾泪莫收。
漳浦老身三度病，
咸阳草树八回秋。
君埋泉下泥销骨，
我寄人间雪满头。
阿卫韩郎相次去，
夜台茫昧得知不。

白居易自注：
阿卫，微之小男。
韩郎，微之爱婿。

漳浦，在今福建漳州南部。阿卫，即元稹的小儿子。韩郎，即元稹的女婿。夜台，即坟墓。茫昧，即模糊不清。

这首诗的大意为，“夜里在梦中我与你一同出游，早晨醒来泪水湿透了枕巾。我在漳浦生病三次，咸阳墓上草长草衰已有八年。在黄泉之下的您已经和泥土化为一体，留在世上的我也已经满头白发。阿卫、韩郎已经先后去了黄泉之下，您能认得他们吗？”

后 记

时隔1200年的敬意

书稿完成，总要交代几句写书的过程和随想。

看着“唐穆宗长庆二年（822年）”这行字，“22”这个数字使我联想到2022年，也就是明年，1200年前白居易来到杭州当“市长”。想到这里，甚觉惊喜，因为写这本书时根本没有考虑其他，只是兴之所至，这算不算是一种缘分？

我是相信缘分的。

2016年花朝节前，因缘际会我开始写“诗与城”专栏文章，也只是发现描写杭州的古诗词背后蕴藏着许多故事，觉得把这些故事挖掘出来分享给读者，会是一件很有趣的事情。于是，我用3年的时间写了30篇文章。写作之初，我自恃对于杭州历史的了解，对于歌咏杭州和杭州纪事的古诗词的了解，觉得写“诗与城”系列文章，应该比较容易。谁知道真动笔写起来，屡屡犯难，要寻找相关的人和事，要求证人物之间的关系，要查出某首诗词的写作年代，要挖出某首诗词字面底下的因由，天晓得有多烦。还有，除了来自古籍中的古画图片之外，所有的配图都得我自己去现场拍摄。

这真是自讨苦吃！自己挖的“坑”只能咬着牙往里跳。

这些文章陆续在《杭州日报》《钱江晚报》以及其他报刊上刊出，后来被“今日头条”、搜狐新闻、腾讯新闻和一些自媒体公众号不断转载，说明读者喜欢看这些文章，使我受到鼓励，这支撑了我3年的写作。2019年11月，这些文章收录在《诗里杭州》一书中，由浙江工商大学出版社出版，也筹划了宣传推广活动。谁知两个月后疫情侵袭全球，很多活动不得不停摆，好在有网络，当当、京东、淘宝网购不断。不到一年，《诗里杭州》居然售罄，于2020年11月重印。

对杭州来说，古诗词实在是一座“金矿”。《诗里杭州》受读者欢迎，对我是鼓励，我便埋头继续挖掘“金矿”。“金矿”挖多了，便有了新的想法。我把有关苏轼的“金矿”归结在一起，成书为《杭州宋韵话东坡——苏轼的诗里杭州》，得到杭州市政协文史委和杭州出版社的支持并出版。现在把有关白居易的“金矿”归结在一起，成书为《白居易：与君约略说杭州》，也希望能够出版，凑成“‘诗里杭州’三部曲”。我与浙江教育出版社的编辑们谈了这个想法，得到她们的热情支持，让这本书与读者见面，谨致衷心感谢！

作为生于斯、长于斯的杭州人，我非常热爱这座城市，我应该为这座城市做点什么。也许，这样的文章当作地域历史文化的普及读物正合适。

司马一民

2021年10月14日

图书在版编目（CIP）数据

白居易 ：与君约略说杭州 / 司马一民著. -- 杭州 ：浙江教育出版社，2022.1
ISBN 978-7-5722-2712-7

Ⅰ. ①白… Ⅱ. ①司… Ⅲ. ①文化史-杭州 Ⅳ. ①K925.51

中国版本图书馆CIP数据核字(2021)第243412号

策　　划	蒋　婷　孟珍真	责任编辑	韦春明
美术编辑	曾国兴	责任校对	雷　坚
责任印务	刘　建	封面设计	米家文化

白居易：与君约略说杭州
BAI JUYI YUJUN YUELÜE SHUO HANGZHOU
司马一民 著

出版发行	浙江教育出版社 （杭州市天目山路40号　电话：0571-85170300-81001）
图文制作	米家文化
印　　刷	浙江新华印刷技术有限公司
开　　本	710mm×1000mm　1/16
印　　张	9.5
字　　数	100千字
版　　次	2022年1月第1版
印　　次	2022年1月第1次印刷
标准书号	ISBN 978-7-5722-2712-7
定　　价	68.00元

如发现印装质量问题，影响阅读，请与本社市场营销部联系调换，电话：0571-88909719。